编 委 会

荣格精选集
C. G. JUNG

东方的智慧

[瑞士] C.G.荣格 著 朱彩方 译

译林出版社

图书在版编目（CIP）数据

东方的智慧 / （瑞士）C.G.荣格（C. G. Jung）著 ；朱彩方译. -- 南京 : 译林出版社, 2025. 7. --（荣格精选集 / 申荷永主编）. -- ISBN 978-7-5753-0649-2

Ⅰ. B928

中国国家版本馆CIP数据核字第2025EW9403号

Collected Works of Carl Gustav Jung
Simplified Chinese language edition arranged through Stiftung der Werke von C.G.Jung c/o Paul & Peter Fritz AG, Literary Agency

著作权合同登记号　图字：10-2012-30号

东方的智慧 ［瑞士］C.G.荣格 / 著　朱彩方 / 译

责任编辑　王瑞琪
特约编辑　韩　萌
装帧设计　胡　苨
校　　对　徐桂琴
责任印制　董　虎

出版发行　译林出版社
地　　址　南京市湖南路1号A楼
邮　　箱　yilin@yilin.com
网　　址　www.yilin.com
市场热线　025-86633278
排　　版　南京展望文化发展有限公司
印　　刷　江苏凤凰通达印刷有限公司
开　　本　880毫米 ×1240毫米　1/32
印　　张　6.25
插　　页　2
版　　次　2025年7月第1版
印　　次　2025年7月第1次印刷
书　　号　ISBN 978-7-5753-0649-2
定　　价　49.00元

出版说明

“荣格精选集”简体中文版由瑞士苏黎世荣格作品基金会授权译林出版社出版。译本以20卷的瓦尔特出版社德文版和普林斯顿大学出版社英文版为底本，由申荷永教授精选其中关键篇目，并组织专业译者进行译介，意在向广大读者介绍荣格分析心理学的要旨。书中边码为原书段落码，方便读者检索。书中保留荣格原注、英译注、英编注，并增补了部分中译注，详细的参考文献可见http://www.yilin.com/Book/BookView?BookID=9283，希望有助于读者研读查考。《东方的智慧》节选自Jung, C. G. *Psychology and Religion: West and East.* Princeton University Press, 1958, pp. 471—608。

译林出版社

导读

道心惟微，精义入神

荣格及其分析心理学，与中国和东方文化有着深刻渊源。他本人曾研习汉字，熟读《易经》和儒家经典，对于道家和佛教，对于中国文化及其象征，都有其独到的见解与发挥。他也曾访问印度，研习瑜伽，深受曼荼罗的吸引。荣格为卫礼贤翻译的《易经》作序，为《太乙金华宗旨》撰写评论(《金花的秘密》)，为《西藏度亡经》和《西藏大解脱书》做专门介绍，也曾有“瑜伽与西方”、“东方禅修的心理学”和《昆达利尼瑜伽心理学》等专著……这些特殊的著述至今都具有深远的影响。《东方的智慧》由《荣格全集》第11卷《心理学与宗教：西方与东方》中的第二部分组成，较为集中地体现了荣格对于东方文化、宗教与哲学的观点与思想。

1939年，六十四岁的荣格撰写了关于《西藏大解脱书》的心理学评论，在其“《西藏度亡经》的心理学阐释”(1935)的基础上，进一步解读了佛教的心理学意义，表达了他从藏传佛教中所受到的启示。

《西藏大解脱书》，顾名思义，乃涉及生死轮回之终极解脱。荣格将其称为“自性解脱”。我们将荣格的“自性”，赋予其汉字本来所具有的，以及为中国文化所注入的基本内涵，其中已有“心之本性”在。而心与心性，也正是荣格梳理《西藏大解脱书》要义的关键线索。在荣格看来，其分析心理学的方法，如超越性功能和积极想象，“也许会让我们找到通向《西藏大解脱书》所指的‘心’的捷径。这是一颗创造意象的心，是让统觉独具特色的所有那些模式的母体。这些模式在无意识的‘心’里与生俱来，是它的结构性成分；这些模式本身就可以解释为什么某些神话的主题更普遍或不那么普遍，甚至能解释在哪里传播性的迁徙尤其不可能。梦、幻想和精神病所表现出的意象与神话的主题是一致的……”于是，荣格认为，因为无意识就是本初之心，所以创造力的品质也就与此有关。在《西藏大解脱书》的评论中，荣格坦诚“向心的本性致敬”，认为出离意识状态的心便是“真心”，这也是其分析心理学所追求的自性。

在研究《西藏大解脱书》之前，1935年，荣格写下影响深远的“《西藏度亡经》的心理学阐释”。在荣格看来，《西藏度亡经》蕴含着“巨大悲悯和关于人类心灵奥秘的深刻洞见”。他称自己一直将其作为随身伴侣，并且坦言，“不但我个人的许多思想和发现受到其启发，我也从中获得了许多极深远的洞见”。其中的启发，依然是生死解脱，对话灵魂。

在荣格看来，“(《西藏度亡经》)包括了佛教心理评论的精华；正因为如此，我们真的可以说它具有无与伦比的优势”。借助《西藏度亡经》的思想，荣格认定，以“心灵(灵魂)对话”为主题的《西藏度亡经》，呈现出“伟大的心理学真理”；它并不仅是为葬礼而作，而是用以引导死者的亡灵，实际上，更是为了生者与往生。于是，在荣格看来，《西藏度亡经》所传达的秘意，便是要恢复人已失落的“灵魂”，灵魂中的神性，以及所需要的通过仪礼。而这种“通过仪礼”中所叙述的方法，对于西方的精神分析或无意识心理学具有重要的参考意义。如荣格自己在其《红书》中的描述，与“灵魂对话”，以及“重获灵魂”，本来正是其分析心理学的方法与目的；其《寻求灵魂的现代人》也曾引起世人的高度关注。

“瑜伽与西方”是荣格1936年撰写的专论。荣格明确表示，他将瑜伽视为一种东方的身心与心性练习。这种练习可以创造某种精神性质，使得超越意识的直觉得以呈现。于是，荣格认为，“显而易见，瑜伽是一种完美、恰当的方法，它能使身、心合一，形成一个确定无疑的整体。由此，修炼者可以获得一种心理气质，这种气质能产生超越意识的直觉”。对荣格来说，瑜伽追求宇宙万物合一的努力，也是东方智慧的象征，也正是西方人所需要的。

荣格不仅对“瑜伽”有所向往，对“禅宗”也可谓一见钟情，一往情深。他为铃木大拙《禅学入门》写下精彩序言，在其著述、演讲与讲座中也时常援引禅宗公案，尤其是禅宗之觉悟，作为阐发其分析心理学自性说，印证其自性化过程的真实写照。

荣格在为铃木大拙《禅学入门》撰写序言时，开始便提到禅宗缘起的“拈花微笑”故事：“东方的作者们自己承认禅源于佛陀拈花微笑的公案。灵山会上佛陀拈花示众，不发一言。只有大迦叶领会了佛陀之意。”于是，在荣格分析心理学的体系中，这“拈花微笑”也犹如一种特殊意象，一种觉悟，以心传心，明心见性，反映禅宗的本义与影响。

“东方禅修的心理学”是荣格1943年在苏黎世“瑞士东亚文化之友学会”的一次讲座，以印度文化和佛教为背景来阐释其中的心理学意义。“印度的圣人”是荣格为德国印度学家海因里希·齐默著作《自我的道路：有关马哈希的教义和生活》所撰写的序言。荣格十分欣赏海因里希·齐默的研究，认为其中所提供的对东方心智的深刻理解是无价的。

荣格一向认为，“禅宗的确是中国精神当中最奇妙的一朵奇葩，是一个孕育于无穷的佛教思想的精灵”。中国禅宗之“悟”，犹如道家之“道”，几乎也是难以翻译为西文的概念。这“悟”不仅是中国禅宗的标志，也是印度瑜伽的核心，也是曼荼罗的内涵与指引。觉悟，可以使人获得最终的解脱，从意识的我执中获得解放，由此认真地认识自己，体验自性，实现自性化，获得超越。

荣格为《易经》作的序言，同样影响深远。在荣格看来，《易经》的翻译是卫礼贤传播中国文化的最大贡献。而荣格对于《易经》的认识与理解，也在他为卫礼贤译本作序时得到体现。作为心理分析师的荣格，从《易经》中发现了他寻觅已久的“哲人石”，可从中发挥其“点石成金”的转化作用；对于荣格来说，这也是他渴望获得的“阿基米德点”，其分析心理学的核心所在。

荣格遇到《易经》，便产生内心深处的共鸣，或称之为不可思议的感应。荣格说：“任何一位有幸经由卫礼贤体验了《易经》预示神力的人，如我自己，都不能再忽视这样一个事实，由此我们已触及足以动摇我们西方心态基础的阿基米德点。”对荣格来说，接触《易经》的智慧，使其成为东方精神的参与者，并能够体验到《易经》中所包含的生命活力。用荣格的话来说：“可让读者见识到源远流长、贯穿千百年来中国文化的心理学之方法。”在《易经》序言的最后，荣格十分肯定地说：“为了能明辨它的意义的人之福祉，且让《易经》走进这世界里来吧！”

东方的智慧，凡《易经》、佛教和道家，对于荣格，都不仅是思想和理论，而且是体验与实践；也不仅是历史和总结，而且具有非凡的心理学现实意义。荣格曾将自己和卫礼贤形容为构建东西方文化桥梁的桥头堡，在荣格的心目中，卫礼贤也即东方智慧的化身。那么，希望大家喜欢荣格的一段内心独白："我们必须在更为广泛的意义上来继续卫礼贤的翻译工作，如果我们希望做老师有价值的学生。卫礼贤将中国哲学的核心概念'道'译作'意义'。正如卫礼贤将东方精神财富的意义注入欧洲，于是，我们就应该将此意义融入生活。这样去做，即实现道——这将是学生的真正任务。"

在生活中实现道！道心惟微，精义入神。或许，这也正是东方智慧的真正意义所在。

申荷永

2018年7月于洗心岛

目　录

一

二

三

一

《西藏大解脱书》的心理学阐释[1]

1. 东西方思想之间的差异

759 承蒙伊文思—温慈博士（Evans-Wentz）的信任，让我对这样一部阐述重要东方“心理学”观点的著作进行评论。我在这里不得不使用引号，这个事实表明心理学这个术语的普适性值得怀疑。东方似乎并没有与我们称之为心理学的东西对等的领域，但有哲学或者形而上学，指出这一点是必要的。作为现代心理学之母的批判哲学，东方对它的陌生程度如同欧洲中世纪对它的陌生程度一样。因此，“心”（mind）这个词在东方具有某种形而上的意义。自中世纪以来，我们西方人对心的理解已经抛弃了形而上学的外延，现在这个词指称“心灵的

---

1 ［本文最初于1939年以英文完成，首次发表在《西藏大解脱书》中（London and New York，1954），pp. xxix—lxiv。本书最初版本是藏文，经过多人翻译，最后由伊文思—温慈编辑而成。收于此处时有少许改动。］

功能”(psychic function)。尽管我们不知道或者假装知道“心灵”(psyche)是什么,我们仍然能处理“心”的现象。我们不再假定心是一种形而上的实体,也不假定在个体的心和宇宙心识(Universal Mind)之间有任何关联。因此,我们的心理学仅仅研究与形而上意义毫不相关的现象层面。过去两个世纪西方哲学的发展成功地给心灵限定了地盘,将其从原初与宇宙的浑然一体中分离出来。人本身已经不再是小宇宙以及宇宙的幻象(eidolon of the cosmos)。人的“阿尼玛”已经不再是与宇宙一体的“火光”(scintilla),不再是世界灵魂的“火花”(spark of the Anima Mundi, the World Soul)。

760 因此,心理学将所有形而上的主张和观点都视为心理(mental)现象,认为它们是对心和心的结构的描述,而这些描述最终源于某些无意识倾向。心理学不会认为这些形而上的描述是绝对成立的,甚至不认为它们能建立一种形而上的真理。我们无法用理智来辨别这种态度的对错。我们只知道没有证据,或者说根本没有任何可能来证明诸如“宇宙心识”这种形而上预设的有效性。如果心认为存在一种宇宙心识,我们只能说那仅仅是一种说法而已。我们不会假定宇宙心识的存在因此而成立。没有论证能够推翻我们的这种推理过程,但是也没有证据能够表明我们做出的这种结论是终极正确的。换言之,存在这样的可能,即我们的心灵只不过是宇宙心识的一种显现。然而我们不知道,甚至无法想象如何能够证实或者证伪这一点。因此，心理学认为心不能建立或断言超越它自身的任何东西。

761　那么，如果我们接受自身心灵的局限，我们就只能阐释那些常识。我承认这意味着牺牲掉某些东西，因为我们对那个奇妙的世界说了再见，而那个世界中，心灵创造了万物，而且正鲜活存在着。那是一个原发性的世界。在那里，即使无生命物也被赋予鲜活的、治愈性的魔力。基于这种魔力，它们来到我们当中，我们也进入它们当中。迟早我们不得不明白这种超自然的力量属于我们自身，它们的重要性源于我们的投射。知识论最终让人类走出童年期，走出了一个世界。在那个世界里，心灵创造出的人们居住在形而上的天堂和地狱中。

762　然而，尽管这种认识论的批评难以避免，我们还是一直紧靠着宗教信仰。信仰让人认识上神（God）。西方因此产生一个新问题：科学和宗教之间的对立。科学角度的批判哲学就像以往一样，建立在一种错误判断之上，变成负面的形而上学，即唯物论。物质被假定为能被感知、辨认的实体。然而这个彻底的形而上概念是那些未经严格审视的人将形而上具体化导致的结果。物质是一种假设。当你说"物质"时，你是为某个未知之物创造出一个符号，这个符号可能和"精神"抑或其他指代一样，甚至造物主也如此。另一方面，宗教信仰拒绝放弃其先于理性批判的世界观（Weltanschauung）。与基督的教导相对，信徒们试图让自己停留在孩子的状态，而非变成孩子的状态。他们固着于童年的世界。当代一个著名的神学家在他的自传里说，耶稣一直是他的好朋友，“从小就如此”。耶稣是个与他之前的布道人不同的完美榜样，但是效法基督（imitatio Christi）并非要像他那样在生涯的早期经历心理和精神上的历练，而没有这些历练他就永远成不了救世主。

763 科学和宗教之间的冲突实际上源于双方的误解。科学唯物论只是介绍了一个新的基本原理（hypostasis），那是知识界的一个罪过。它给现实最高原则起了个新名字，并假定它创造了新物，毁掉了旧物。不管你把这种存在的原则叫作“神”、“能量”、“物质”，或者你喜欢的其他事物，你并没有新造出什么，你只是换了一个指称的符号。唯物论者自身也在最大程度上去做一个形而上学家了。而信仰则有所不同，它试图仅仅在感知的层面保持原始的心灵状态。信仰并不愿意放弃与心灵创造出来的圣人（hypostatized figures）之间这种原初的、孩子般的关系；信仰希望一直处于一个安全、值得信任的世界，一个由强有力、有责任感和善良的父母掌控的世界。信仰中可能包含理性的牺牲（sacrificium intellectus，假如有一个可供牺牲的理性的话），但是不需要“牺牲”感受。通过这种方式，信仰者**保持**孩子的状态，而不是变**成**孩子。他们并没有重新获得生命，因为他们从未失去过它。进一步来说，信仰与科学发生冲突，这“罪有应得”，因为它拒绝敞开大门，迎接我们这个时代正在进行的灵性探索。

764 任何一个诚实的思想家都不得不承认，所有形而上学观点都会带来不安全感，信念（creeds）就更如此了。而且他们也不得不承认，任何形而上主张都具有无法证实的本质；同时还不得不面对这样的事实，即没有任何证据能够表明人心具有将自身提起来的能力，也就是说，能够达到超越性的存在。

765 唯物论是形而上学的反面。它反对这种观点：人们突然认识到认知是一种心理功能，如果用于人类自身以外的层面，那就是投射。这种不承认是"形而上的"，它源于哲学素养的不足，以至于无法看到唯物论背后隐藏的实体，没有意识到"物质"只是最高存在的一种名称而已。因此，信仰的态度表明人们是如此不愿接受哲学批判。这也说明，当人们失去童年期的安全感，坠入一个奇怪的、未知的、被一种不关心人的力量控制的世界时，恐惧该有多大。其实以上两种情形中什么也没改变。人和外部世界一如既往。他只需明白他关在自己的心里，不能超越，即使再疯癫也是如此；明白人类世界或者他的神的展现在很大程度上取决于人的心态。

766 首先，如我所指出的那样，心灵结构会对我们就形而上学所做的一切论断负责。我们已经开始明白，理性并非是自有的实体（ens per se），或者说理性并非是一种独立的心理机能，而是心灵功能依赖于其整体性才可以实现。一个哲学观点，是一个具有特定人格的人，在一个特定的时代，处于某个特定的地方给出的主张，而不是一种纯粹逻辑的客观产物。这样看来，这个过程主要是主观性的，哲学观点是否具有客观效力取决于有多少人同样来申辩它。哲学上由于认识论的批评而把人孤立地限于人心，这必然会招致心理学的批判。心理学的这种批判在哲学家中并不多见，因为哲学家们乐于认为哲学上的理性是完美的、无条件成立的认识手段。然而他们的理性依赖于人的心灵功能，也被环境以外的所有主观经验所限定。实际上，我们都已经非常熟悉这个观点，以至于"心灵"这个词都失去了其普遍意义。心灵已经或多或少个人化了，已经失去了其之前所具有的宇宙层面作为理性灵魂（anima rationalis）的意义。当今心灵被认为是一种主观性的，甚至有些武断的存在。既然以前被认为是基本的"普世观念"已经成为一种心理层面的原则，我们就开始产生这样的认识：我们对所谓现实的整体经验在何种程度上是心灵的。事实上，任何被想到的、感受到的、视察到的都是一个心灵意象（psychic image）。世界的图景只是在我们对其描绘时才如此。我们深深地认识到这样一个真理：我们被囚禁并受限于心灵，因此我们准备承认心灵里甚至还存有我们未知的东西，这些未知的东西我们称其为"无意识"。

767 如上所述，人心看似普遍和形而上的广大范围已经被缩至个体意识这个小范围内，深刻地觉知其几乎无边的主体性和它那随意投射和幻想的幼稚而又古老的（infantile-archaic）倾向。许多有科学头脑的人甚至因为恐惧不可控的主观性而放弃自己的宗教信仰和哲学倾向。为了弥补失去这个与我们息息相关的世界，我们对探索**数据**（facts），海量的数据表现出极大的热情，已经远远超出单独个体的力量所能调研。我们都虔诚地希望这种对数据巧合的累积会形成一个有意义的整体，但是并没有人可以确信这种可能性存在，因为人类的大脑不可能理解批量产生的如此庞大的知识总和。我们被数据埋葬。若有谁敢以数据来推测，则必须付出，也理应付出良心的代价，因为他会马上只顾数据而忽略道德。

768 西方心理学清楚心是心智的心理功能。它是个体的“心理性”（mentality）。哲学仍然研究非人格化的宇宙心识，把它看作最初人类“灵魂”的遗迹。我们西方视角描绘出的这幅图景看上去可能有点夸张，但是我认为它并未远离真相。只要我们接触东方对心灵的理解就会发现，在所有情况下，我们的这类观点会自然显现。在东方，心与宇宙息息相关，是存在的本质；而在西方，我们才刚刚开始了解心只是认知过程的必要条件，因此也是认识世界存在的必要条件。东方并不存在宗教和科学的冲突，因为东方并没有建立一种旨在热忱探索事实的科学，也没有只是基于信仰的宗教；东方有宗教性认知和认知性宗教（religious cognition and cognitive religion）。[1]对我们而言，人只是无比渺小的存在，神的恩宠才是一切；但是在东方，人就是上帝，人自己救赎自己。藏传佛教的神灵属于幻觉性分

1 我这里有意忽略现代东方人的解释。

离的层次，是心灵投射，但是神灵确实存在着；然而对我们西方人来讲，幻觉就是幻觉，因此它什么也不是。这是一个真正的矛盾；我们西方人认为一个想法不具现实性，因此把它当作什么也没有来对待。即使我们认为这种念头本身是真实的，我们也认为念头的存在是由于它所说的一些可以形成的事实。我们可以在这种一直变动不居的，并非真实存在的念头之上制造出最具摧毁力的现实，如原子弹，但是如果说这些念头本身就是真实的，那对我们来说就显得彻底荒谬了。

769　“心灵现实”（psychic reality）是一个引起争议的概念，就像“心灵”或者“心”一样。对于后者（心或心灵），一些人理解为意识及其内容，其他人允许“黑暗的”或者“潜意识的”象征存在于心或心灵之中。有些人认为心灵包含本能，另一些人则排斥本能。绝大多数人认为心灵是脑细胞生化过程的结果。有些人猜想心灵使大脑皮层的细胞产生了功能。一些人认为“生命”就是心灵。只有极少数人认为心灵现象是存在的一种类型，它可以得出许多必然结论。这看上去似乎自相矛盾，存在的**种类**，也就是所有存在的必要条件，即人们所谓的心灵，却以一种半存在半不存在的态度被对待。心灵存在是我们能当下**直接**感知的唯一存在。任何东西要被认识，首先以心灵意象的方式呈现。只有心灵意象才能被立刻验证。从世界并不假设心灵意象这种形式的意义上来说，它根本不存在。除了少数几个例外，如叔本华哲学，西方似乎还没有全然意识到这点，但叔本华是受佛教和《奥义书》影响的。

770 即使浅显地了解东方思想，你也会发现东西方之间的这种根本差异。东方思想建立在心灵现实的基础之上，这是指心灵是存在的主要和特有的条件。看上去东方的认识似乎是心理学或者气质特征意义上的现实，而非哲学推理的结果。东方的角度是典型的内向性，而西方则是典型的外向性。[1]内向性和外向性是气质性的，或者说是一种生来具有的态度倾向，而绝非是通常情况下的有意选择。只有在一些极特殊的情况下，这种内外倾向可能会根据意志（will）来呈现。内向性，如果可以这样讲的话，是典型的东方“风格”，是东方所具有的一种习惯性的、集体的态度倾向，就如同西方人的外向“风格”一样。内向性在西方看来是异常的、病态的，并被社会所拒斥的态度倾向。弗洛伊德认为内向性是一种自淫性的、“自恋”的心理倾向。他的观点与德国当代国家社会主义哲学一致，这种哲学认为内向性是对群体生活的漠视和冒犯。[2]在东方，我们所珍视的外向性只是一种虚幻的欲望，是让我们流转于轮回（samsāra）的一个因，它推动十二因缘链（nidāna-chain）的流转，导致世界上所有痛苦的本质。[3]任何实际了解内向和外向之间相互贬损的人，都会明白东西方立场不同所带来的情感冲

1 *Psychological Types*, Defs. 19 and 34.

2 写于1939年。

3 *Samyutta-nikāya* 12, *Nidāna-samyutta*.

突。对那些了解欧洲哲学史的人来说，始于柏拉图的、关于痛苦的“普遍性”（universals）的争论就是生动的例子。我无意介入内外向争论中的所有方面，但是我必须指出，这个问题在宗教中也有所显现。基督教的西方认为，人完全依赖于上帝的恩宠，或者说至少要依赖唯一的、行使神圣拯救功能的教会才能被救赎。然而，东方坚信，人是自身向高层次演进的唯一动因，因为他们相信“自性解脱”（self-liberation）。

771 宗教观点总是会表达和形成关键的心理态度和特有的成见，这对那些甚至已经忘记或者说从未听说过自己文化中的宗教的个体也如此。不管怎样，就心理学而言，西方完全受基督教影响。德尔图良所说的天生的基督徒（anima naturaliter christiana）对西方来说千真万确，但是，这并非像他所以为那样是在宗教意义上，而是在心理学的意义上。恩宠来自别处，而这无论如何都来自外部。任何其他观点都是彻头彻尾的异端邪说。了解这一点，就非常容易理解人类心灵为什么会因被贬低而痛苦。任何敢于在心灵和上帝的观念之间建立关联的人都会被斥为“心理主义”，或者被怀疑为病态的“神秘主义”。恰恰相反，东方对那些“低层次的”灵性阶段往往充满悲悯的同情，处于这种阶段的人不知道业力的作用，对自己的罪孽无法释然，相信有绝对的神，从而备受折磨。这些人如果深入探究就会发现，这些神只不过是自身未证悟的心造作出的戴着面纱的幻相。心灵因此是至关重要的，遍及一切，这是佛的本质；这就是佛心，是一大实相，是“法身佛”。所有的存在都来自于此，所有独立存在的外物都会复归于此。这种基本的心理学成见已经渗入东方人的一切当中，渗入他的思维、感受和行为当中，无论他说他的信仰是什么。

772 同样，不论属于哪个支派，西方人都同样信奉基督。对西方人来说，人的内在是渺小的，几乎什么也不是。如克尔凯郭尔所说：“上帝面前，人皆错。”借由恐惧、忏悔、承诺、顺从、自我贬斥、善行以及赞美神，人逐步接近伟大的力量，然而这并非是其本人，而是“全然的另一位”（totaliter aliter, the Wholly Other）[1]，彻底完美的，也是彻底“外在的”，唯一的实在。如果你用其他的词语替代上帝，比如世界、金钱，你就会得到一个全面的西方人的样子：勤奋、恐惧、虔诚、自我贬斥、有事业心、贪婪。他们暴力性地追求如下的世间之物：财产、健康、知识、技能、社会福利、政治权力、征服等。我们这个时代伟大而流行的运动是什么？攫取别人的财富，保护自己。我们的心主要用来谋划“学说”，以隐藏我们内心想要掠夺更多的渴望。我不想描绘东方人如果忘记了成佛理想的后果是什么，因为这样做会出于我的西方成见，并不公平。但是我必须提出问题：对持不同立场的双方，换位思考，仿效对方是否可能？是否值得推荐？这种差异是如此巨大，以至于让人觉得似乎无有任何可

1 ［Cf. Otto, *The Idea of the Holy*, pp. 26ff.］

能，更不用说有推荐性了。东方思想可能觉得西方思想愚笨，反之亦然。你无法成为一个好的基督徒，同时自我拯救；你也无法成为佛陀，却崇拜上帝。我们最好还是接受这种冲突，因为只有这样，才可能出现非理性的解决办法，如果确实存在任何解决办法的话。

773 由于某种不可避免的注定使然，西方开始越来越熟悉东方灵性的独特之处。忽视这些独特之处，或试图在东西方灵性间建立错误和不牢靠的沟通之桥，这两者都是无用的。我们与其用心学习东方灵修的一些技术，并且以纯粹基督教的方式被迫去模仿（效法基督！），还不如探索我们的潜意识里是否有内向的特征，即类似于成为东方灵修原则的特征。这样一来，我们就使用我们自己的方法来构建研究。如果我们遵奉直接的拿来主义，那么仅仅是在纵容自身的西方式贪婪，就再次证实了“美好皆来自外部”：我们从东方把这些搬回来，直接“泵入”自己贫瘠的灵魂。[1]在我看来，当我们真正从东方了解到不向外求心灵也足够丰富的时候，当我们感到无论神圣的恩宠是否存在，我们都能够成长的时候，我们确实从东方学到了一些东西。但是只有当我们能够面对内心对自身灵修传统的傲慢和渎神的自命不凡时，我们才能开始这个远大的事业。东方的

1 “不把上帝当作内在拥有，而用种种方法从外部抓住他……这样的人确实不拥有他，而且很容易会受到困扰。”Meister Eckhart (Büttner, II, p. 185). Cf. *Meister Eckhart*, trans. by Evans, II, p. 8.

思想与基督教价值观有冲突，对于这一点没有必要闪烁其词，回避事实。如果我们的新态度是真诚的，即根植于自身历史，那么这个新态度必须充分意识到基督教的价值，以及基督教价值与内向性的东方思想之间的冲突。我们必须从内心深处去了解东方价值观，从我们自身去寻找，从无意识中去寻找，而不是从外部。那时我们就会发现，我们对无意识的恐惧是如此巨大，对无意识的抵触是多么坚固。因为这些阻抗，我们怀疑一个在东方看来是显而易见的事实：**内向心灵的自性解脱力**。

774 心灵的这个面向对西方来说实在陌生，尽管它构成了无意识中最重要的内容。许多人简单直接地拒斥无意识的存在，其他人则说无意识仅仅包括本能，或者说其中仅仅是意识压抑或者遗忘的内容。我们有把握假定东方所说的"心"更多与我们所讲的"无意识"有关，而与我们所理解的心则没有多少关系。对我们来说，没有自我的意识是无法想象的。意识被等同于意识内容与自我的关系。如果没有自我，就没有任何人意识到任何东西了。自我因此对于意识过程必不可少。然而，东方之心很容易在无我中形成意识。在其看来，意识能够超越自我的局限。真的，在"高层次"，自我整个消失了。对我们而言，这种没有自我的心理状态只能说是无意识的，理由很简单，因为这个过程中缺少见证者。我不怀疑超越意识的心理状态存在，但是在超越意识时，这种心理状态恰恰失去了意识。我无法想象意识状态与主体（比如说自我）无关的可能性。自我的力量可能被去除，比如说，对身体的觉察被剥离了，但是，只要对某种对象有所觉察，那么一定存在正在觉察的主体。但是，无意识就是一种没有自我觉察的心理状态。只有通过非直接的方式，我们最终才能意识到无意识的存在。我们能够观察到疯癫人格中无意识的碎片的出现，此时病人脱离了意识状态。但是并没有证据表明无意识内容与类似于自我的无意识中心相关联。实际上，有诸多理由表明为什么无意识中心压根不存在。

775 东方人轻易就能够放下自我，这似乎表明他们所指的心并非我们所讲的“心”。当然，自我在我们文化中的作用不像在东方思想中起的作用那样。东方的心似乎更少以自我为中心，心灵之内容似乎更松散地与主体相连，似乎重心在于各种心理状态，这些状态中自我的活力潜伏了（a depotentiated ego）。哈达瑜伽（hatha yoga）主要是用来调服脱缰野马般的冲动，进而消融自我。当修行人经过努力达到高层次的瑜伽，即三摩地（samādhi）时，可以实现自我的消融，这一点是毋庸置疑的。我们语言意义上的意识被视为一种低级状态，无明（avidyā）状态。我们所讲的“意识的黑暗背景”却被他们认为是“高层次”的意识状态。[1]因此，我们欧洲文化背景下的“集体无意

1 说到意识的“高层次”和“低层次”，西方心理学并不会这样区分无意识。东方人似乎认为“类人”（subhuman）层面的精神状态才是真正的“潜意识”（subconsciousness）。它包括本能和半生理性的心灵论（semi-physiological psychisms），但是它被视为一种“高层次意识状态”（higher consciousness）。

识”概念可能与“菩提”(buddhi,觉悟)表达了相同的意趣。

776 综观这一切,东方的“升华”等同于从对自我意识中心的强调中隐退出来,对于身体和心灵意象过程都不极端强调,而采取一种中庸的态度。较低的、半生理层次的心灵通过苦行禁欲得到抑制(比如通过训练)。这并非通过使用强大的意志力进行压抑和拒斥来实现(而这是西方通向升华之路的惯常做法)。这种心灵的低层次问题在哈达瑜伽耐心的训练中被改变和塑造,一直到其不影响高层次意识状态的发展时就可以停止。这个奇特的过程似乎受助于这样的事实:东方人的自我和欲望被更重要的东西制约,而这个东西他们习惯认为与“主观因素”(subjective factor)[1]密切相关。这个主观因素就是我所说的意识的“黑暗背景”,即无意识。这种向内求的特征总的来说是强调心灵统觉的先验性(a priori data of apperception)。众所周知,统觉有个过程:首先是对客体的知觉,然后将其统合到预先存在的形式与概念当中,基于此,客体被“理解”。心灵并非一个无有任何属性的虚体,而是一个有着确定状态的系统,会以具体的方式做出回应。意识中出现的每一项新表征,无论是一种知觉,还是自动产生的念头,都会在原本记忆的基础上唤起新的联想,这些联想会立刻进入意识中,产生一个具有复杂图像的“印象”,当然我这样讲已经是一种解释。这种

1 *Psychological Types*.(1923 edn., pp. 472ff.)

印象的质量依赖于无意识的倾向性，即我所谓的“主观因素”。使用“主观”是合适的，因为客观性不会在最初的印象后就获得。通常，这会涉及一个非常繁冗的，包括确认、比较和分析的过程，进而修正和改变主观因素的即时反应。

777 主观因素的这种重要特征并不是指**个人化的主观主义**（personal subjectivism），尽管外向性的态度容易将主观因素视为“无非是”主观的。心灵与其结构足够真实。正如我们前面所说，它们甚至可将客体转化成心灵意象。它们无法感知声波，但是可以感知声音；无法感知光的波长，但是可以感知颜色。存在就是我们所能看见和理解的。无穷无尽的事物可以通过多种多样的方式被我们看见、感知和理解。心灵可以通过自己的方式将外界事物纳入其中，这远非仅仅是个人成见，因为这个同化过程最终根植于先天统觉自身遵从的规律或法则。虽然不同时代、不同地方的人使用的名字并不相同，但是这些法则从未改变。在原始意识层面，人们害怕女巫；在现代意识层面，人们害怕细菌。原始层面每个人都相信鬼的存在，现代意识里大家都相信维生素的作用。从前人们相信会被恶魔附体，现在人们没少被思想、观念纠缠。诸如此类，不胜枚举。

778 主观因素最终而言是由永恒心灵功能的模式构成的。任何依赖主观因素的人都会诉诸心灵法则。所以，这种人几乎不能说他是错的。如果通过这种方式他成功地向下拓展了意识的领域，触及心灵的基本法则，那么在没有非心灵（如外界）因素致命干涉的前提下，他就可以掌握心灵自然演化的真理。无论如何，他所了知的真相与对外部世界探索而获取的一切知识相比，都不分伯仲。我们西方人认为：只有通过外部事实检验，真理本身才具有合理性。我们相信对自然进行最精确的观察和探索；我们的真理必须与外部世界的行为相吻合，否则它仅仅是“主观性的”。东方人回避自然的舞蹈和种种魔幻的形式；同样地，西方人不理会无意识及其徒劳的幻想。尽管存在内向性，东方人却非常清楚如何与外部世界相处。尽管外向，西方人也有处理心灵及其需求的方法；教堂就是这样的地方，在这里人们可以袒露心灵，通过仪式和教义与未知的心灵层面交流。无论如何，自然科学和现代技术也并非仅仅是西方的发明。在东方也能找到对应的存在，只是显得有些古老和不那么时髦，抑或更原始罢了。但是在精神洞见和心理技巧方面我们所拥有的与瑜伽相比就显得落后了。同理，东方的占星术和医学与西方科学相比显得落后。我不排斥基督教会的作用；但是，如果你在依纳爵·罗耀拉的《神操》和瑜伽之间做过比较，你就会明白我的意思。其中存在不同，非常大的不同。从罗耀拉的精神修炼层面径直跳到东方瑜伽的做法不值得提倡，就像把亚洲人转变成“半生不熟”的欧洲人一样不值得提倡。我严重怀疑西方文明的福祉，我也同样不相信西方人可以接纳东方人的灵修。但是，两个冲突的世界已经相遇了。东方正在经历巨大的变化，它遭到了彻底而又致命的干扰。甚至西方人最高效的战争手段也被东方人成功学到了。我们最主要的麻烦似乎就是心理方面的。我们的衰落是意识形态上的，反基督是早已预料到的事情！国家社会主义也几乎变成了一种宗教运动（其与公元622年后的任何宗教运动类似）。我们做各种准备，使自身远离饥荒、瘟疫以及蛮族入侵，却没有意识到，面对灵性层面的缺失，我们鲜有足够的准备，看上去我们对于精神瘟疫的流行没有任何抵抗力。

779 在宗教态度方面也如此，西方人是外向性的。当下，人们总会无端指责基督教在面对世俗和肉身的时候，表现出的是敌意，抑或是冷漠。恰恰相反，一个合格的基督徒是一个快乐的公民、一个有进取心的商人、一个优秀的战士，在每一个领域中都追求做到最好。世俗财物往往被视作对基督徒行为的特殊回报；在主祷文中，形容词έπιούσιος，是指生存必需的东西（supersubstantialis）[1]，指的是面包，但是它许久以来一直被省略了，因为真实的面包很明显更有意义。从逻辑上来说，如此向外求无法让人具有怀揣一切的心灵，而心灵的这一切并非来自外界，既非通过传授，也非通过神圣的恩宠。从这个观点看，断言人能实现自我救赎是一种十足的亵渎。我们的宗教中从来不会鼓励这种通过自力来实现心灵解脱的观念。然而，心理学

1 这不是耶柔米对έπιούσιος的不可接受的翻译，而是德尔图良、奥利金和其他大师们古老而又充满灵性的解读。

的现代形式，即“分析”或者“深层”（complex）心理学，揭示了这样的可能性，即无意识可能会通过独有的象征方式来补偿意识层面的缺失和无法通达之处。当借助于分析心理学的技术将无意识补偿意识化时，会在意识层面带来一种变化，进而提升意识的层次。需要指出的是，技术本身无法让无意识补偿产生，我们需要依靠无意识的心灵来实现这一点（也可以把这叫作“上帝的恩宠”，叫什么名字并不重要）。但是如果不借助技术，无意识的过程很难达到意识层面。然而一旦到达，它会给意识层面的思维和感受带来震撼。如果不这样的话，也就不具有所谓的补偿作用了。第一个作用是引发冲突，因为意识总是拒斥明显的抵触，偏离常态的倾向、想法和感受。在精神分裂症中，这些完全怪异和无法接受的无意识内容的闯入最让人瞠目结舌。精神分裂症当然是一种病态的扭曲和夸大，但是对正常闯入物稍有常识的人很容易会发现两者潜在行为方式的一致性。闯入的内容实际上与神话和其他古老观念形式中的意象如出一辙。

780 通常，每个冲突都会激发心理行为来找出满意的解答。一般来说（比如在西方文化中），意识层面往往会武断排斥无意识，因为任何内心的东西总会被偏见地认为是低级的，或者是无缘由地错误的。但是在我们现在所关注的案例中，大家同意明显不相容的内容不该再被压抑下去，而应该接受冲突和痛苦。一开始，似乎并没有解决的办法，索性就用宽容之心来忍受这个事实。这种搁置进而导致问题在无意识层面形成“情意丛”；换言之，意识层面进行搁置会导致无意识层面进行补偿。这种补偿（最明显就是梦境）又可以意识化，意识层面又得以从其中发现心灵新的面向，这又会以无法预期的方式产生新的问题，抑或改变了先前存在的问题。这个过程会反复进行，直到最初的冲突得以圆满解决，整个过程被称为“超越性功用”（transcendent function）[1]，这本身就是一种解决之道，过程与方法是一体的。无意识补偿的实现是一个自然的过程；意识化（conscious realization）是**方法**。这种功用之所以被称为“超越性”的，是因为意识和无意识的对立会加速心灵从一种状态到另一种状态转化的过程。

781 此处对于超越性功用的描述是非常简单的，如果读者想要知道更多细节，请参考注释中的书目。但是我想把大家的注意力引到心理学的观察和方法上去，因为它们也许会让我们找到通向《西藏大解脱书》所指的“心”的捷径。这是一颗创造意象的心，是让统觉独具特色的所有那些模式的母体。这些模式在无意识的“心”里与生俱来，是它的结构性成分；这些模式本身就可以解释为什么某些神话的主题更普遍或不那么普遍，甚至能解释在哪里传播性的迁徙尤其不可能。梦、幻想和精神病所表现出的意象与神话的主题是一致的，而当事人却对这些

1 *Psychological Types*, Def. 51.

主题一无所知，甚至也从未通过公众人物演讲，抑或是《圣经》中的象征性描述，来间接性地获得任何相关知识。[1]精神分裂症的心理病因学，与无意识心理学一样，无疑都展示了怪异心理材料的产生。无论无意识的结构如何，有一点是确定的：它包含数不胜数的、具有古老特性的主题或模式，原则上与神话或者类似的思想形式（thought-forms）的根本观念相同。

782 因为无意识就是本初之心（matrix mind），创造力的品质也就与此有关。它是诸如《西藏大解脱书》所讲的宇宙心那样的思想形式的诞生之地。我们无法确切说无意识具有哪种特定的形式，而东方人认为宇宙心识没有任何形式，即所谓的无色界（arupaloka），然而它是所有形式的源头，这看上去在心理学上是说得通的。因为无意识的形式和作用方式是不具有时间性的，是永恒的，被意识化后个体就会体验到一种时间上的永恒感。我们可以在原始心理学中发现类似的描述：比如，澳大利亚有个词叫作 aljira[2]，意思是"梦"、"鬼魂居住之处"和"时间"，先世的祖先居住于此，现在仍旧在那里住。他们说这

1 一些人可能会认为这难以置信。但是他们要么对原始心理学一无所知，要么对心理病理学毫不知晓。具体的例子可见我的*Symbols of Transformation*和*Psychology and Alchemy*, Part II; Nelken, "Analytische Beobachtungen über Phantasien eines Schizophrenen," pp. 504ff.; Spielrein, "über den psychologischen Inhalt eines Falls von Schizophrenie," pp. 329ff.; and C. A. Meier, "Spontanmanifestationen des kolletiven Unbewussten"。

2 Lévy-Bruhl, *La Mythologie primitive*, pp. xxiii ff.

是“在还不曾有时间的时候的时间”。这像是无意识明显具体化和投射所具有的一切特征：梦的显现、远祖的思想世界以及永恒。

783　内向性的态度，不再强调对外部世界（意识的领域）的关注，而转向主观因素（无意识的领域）。这必然会将注意转向无意识的显现，比如说“远古的”或“历史的”情感这些显得有些怪异的思想形式，以及超越这一切的更广阔之处：不确定性、永恒性，以及一体性（oneness）。这种超凡的一体性体验是所有形式的“神秘主义”的共同内容。这可能源于意识暗淡时，万物混杂，彼此感染（general contamination of contents）。各种意象几乎无限制地混杂体现在梦中，尤其是疯人的作品中，这证实了其根源在于无意识。与意识领域中内容的了然清晰相比，无意识内容总是难以置信地模糊，正由于如此，才能够实现无量混杂。如果我们试图构造出这样一种无分别的状态，我们当然应该把全体感受为一。因此，我们或许可以说，一体性的独特体验源于微微地觉知（subliminal awareness）无意识中一切的混杂。

784　通过对超越性功用的了解，我们不仅获得了对“一心”（One Mind）的认识，也开始懂得为什么东方人相信自我解脱的可能性。如果通过内省和无意识补偿的意识化过程，进而通过心灵转化消融痛苦和冲突是可能实现的，这时就可以说是“自我解脱”了。但是，正如我之前曾经提及的，这其中有一个前提条件，个体无法随意产生无意识补偿。人不得不依赖这些补偿出现的**可能性**。人也无法改变补偿具有的特征：就是这样，或者压根不是。有趣的是，东方哲学自身似乎并未明确说出这个重要的事实。但是，恰恰就是这个事实才使西方观点在心理学上合法。看上去，西方的心具有最具穿透力的直觉：如果想要安然无恙，人注定要依赖阴暗的力量（dark power），与其合作。的确，无论何时何处，当无意识不合作时，人就会立刻进入"损失"状态，即使在最普通的日常活动中也如此。这过程中可能会出现挫败的记忆，试图整合行为却未果，以及失去兴趣和无法专注。这种失败有可能导致气愤、重大交通事故、职业危机以及道德的崩塌。从前，人会把这些认为是神不眷顾，现在则更愿意称之为神经症。我们把毛病归咎于缺乏维生素、内分泌失调、工作繁重，抑或是性方面的问题。当与无意识的合作突然失败时，我们才觉得合作实在是一件非常严肃的事。我们从未想到过与它合作，却一直想当然。

785 与其他民族相比（比如中国人），白人的心理平衡，或者简单说，白人的脑子似乎是脆弱的。我们总会试图尽量远离自己的弱点，这个事实可能会解释外向性的某种特征是通过控制外界来寻求安全感。外向性与不相信内在的自我休戚相关，人们有时候甚至都无法意识到内在自我的存在。另外，我们都倾向于去贬低内心恐惧的事物。这方面必定与我们内心存有的绝对信念有关：感觉中未出现，理智中就不存在，而这是西方式外向性的箴言。但是，正如我们强调过的那样，外向性存在的合理性也可以通过一个重要的事实得以证明，即无意识的补偿是超越意志控制的。我知道瑜伽引以为傲的地方，就是能够控制包括无意识在内的过程，所以在心灵的整体层面上，没有什么是在最高级意识控制之外的。我对此没有半点怀疑，但它的代价是这种最高级意识等同于无意识。东方人对这种观念的认同，与西方人对"全然客观性"的迷信等同，后者是像机器一样完全听命于一个目标、观念或者目的，从而让人失去内在的生命。从东方的角度来看，这种全然客观性是可怕的，因为这等于完全认同轮回；对西方人来说，三摩地只不过是无意义的梦境。在东方，内在的自我牢牢把握住外在的自我，这样外界的"风"就无法将其内心的"根"拔出来；在西方，外在的自我向上攀升，以至于他疏远了最深层的内在。这种一心、一体性、无量和永恒是唯一神的特权，人变得渺小、徒劳，根本就是错的。

786 我的论证清晰地表明：不管东西方两种观点如何冲突，各方都具有心理学意义上的合理性。双方都偏于一边，因为它们未能看到并考虑对方不适合自己典型态度的因素。一方低估意识世界的重要性，而另一方低估一心。结果就是，极端主义使它们各失去了一半的经验体系；它们的生命与宇宙的完整性脱离了，进而容易成为做作的和不人道的。在西方，这种表现是对“客观性”的狂热崇拜，是科学家和证券经纪人的“禁欲主义”，他们抛弃生活之美、生活之普世价值，而追求理想的抑或不那么理想的目标。在东方，心灵的智慧、平和、出离，以及无所动、回到本初状态中，将存在的所有快乐和悲伤（按其原本或应有的状态）都置于身后。无疑，片面性导致双方产生非常类似的“修道院”的生活方式，向隐士、圣人、僧侣或者科学家担保坚贞不渝的单纯目标。我对这样的片面性并无任何个人的反感。人，作为自然伟大的实验，抑或自身就是伟大的实验，显然是被赋予这一切的，如果他能承受的话。没有片面性，人的灵性的多样性是无法显现出来的。但是我认为试着去了解两方面毫无害处。

787 西方的外向性和东方的内向性都有一个重要的共同目的：双方都极力去征服生命的纯粹自然。这便是一种心超然于物质的决断（这是反自然的，the opus contra naturam），是人处于青年期的一项特征；因为这个阶段的人们总是乐于使用自然给出的最强大武器：意识层面的心。在遥远的未来，人类的下午或许可能会演化出一种不同的理想。到那时，甚至征服都不需要了。

2. 正文评论

788 在开始对本书进行评论之前，我必须不吝笔墨让读者了解心理学论文与神圣的宗教经典之间的区别。科学家面对研究对象时公正客观的态度，可能会与其情感价值观相违背，而且这种冒犯往往会达到一种不可原谅的程度。科学的理性是"没人情味的"，它也就只能这样。虽然动机可能良善，但无法避免效果的无情。在面对这类神圣的宗教经典时，心理学家必须小心翼翼，至少要清楚自己的研究对象背后具有不可估量的宗教和哲学价值，警惕自己的手可能会对之进行"玷污"的事实。我向大家坦白，我之所以敢冒这个险来评论这部经典，只是因为我了解和欣赏它的价值。评论中我没有半点对其大卸八块的念头。相反，我会尽力开显其所使用的象征性语言的意趣，这可能会有助于我们对它的理解。出于这个目的，我有必要对艰深的形而上概念做一些心理学的解释，看看我们所知的心理学事实能否在东方思想的领域中找到对应或临界的东西。我希望这种做法不会被误读为贬低或者平庸化经典；我只是想把对我们来说陌生的思想放到西方心理学经验中加以理解。

789 以下的内容是一系列注释和评论。读者应将评论与原著的对应部分进行对照阅读。原文章节可通过标题查阅。

顶礼句

790 东方的经典通常以西方人往往在结尾中出现的内容开始。西方人在大段的论证之后，最终以结论部分结束（conclusio

finalis)。我们通常以最普通和为人熟知的方式开始，而在结尾部分呈现我们研究的最重要的结果。因此，我们的论文结尾部分可能会这么说："三身（法身、报身和化身，Trikāya）是彻悟之心（All-Enlightened Mind）自身。"在这一点上，东方的心理与中世纪相差不远。直到18世纪晚期，我们的历史或者自然科学类书籍还像这里一样以上帝创造万物开篇。宇宙心识的观念对东方人来说稀松平常，因为这很容易就表达出东方人的内倾气质。用心理学的语言来解释上面的描述，就成为：无意识是所有一体性经验的根源（法身，dharmakāya），是所有结构形式和原型的根本（报身，sambhogakāya），是现象世界的先决条件（化身，nirmānakāya）。

前　言

791 神（此处指藏传佛教中的佛和护法神）是原型思想形式，属于报身。[1]神的寂静相和忿怒相在《西藏度亡经》提到的禅修中具有重要作用，它们象征着对立面。在化身中，对立只代表人的多种冲突；但在报身中，正向的和负向的法则聚合在同一个人身上。这相当于一种心理体验，与老子《道德经》中提到的阴阳概念是一致的：没有对立面，就没有自身。有信仰，就有怀疑；有怀疑，就有盲信；有道德，就有引诱。只有圣人才

---

1 Cf. the *Shrī Chakra-Sambhara Tantra*, in Avalon, ed., *Tantric Texts*, VII.

有凶恶的愿景，暴君是自己仆人（valets de chambre）的奴隶。如果我们仔细审视自己的性格，我们就会发现这样的事实，如老子所说“高低相盈”，对立的双方互相依赖而存在，统一在一个本体当中。这在自卑情结中也很容易见到：自卑者总是在某些方面有些自大。对立面以神的形态出现，这个认识源于一个简单的事实：它们的力量太强大了。中国哲学用阴阳来表述一个永恒的法则。当有力量试图对其加以分离时，其结合的力量就会增强。“当树长到了天堂，根就到了地狱”，尼采如是说。然而，上下是同一棵树。我们西方人思维的一个重要特征就是将这两方面分成对立的人格：上帝和魔鬼。同样明显的是，晚近以来，新教徒的世俗乐观主义，认为自己已经非常巧妙地避免了魔鬼的出现。“上帝是全善的，所有的罪恶都来自人”（Omne bonum a Deo，omne malum ab homine），这并不好受。

792 “见到实相”显然是指心是最高的实在。然而在西方，无意识被认为是痴人说梦。“见性”是指自性解脱。用心理学的语言来表述，这意味着：我们与无意识过程的关系越密切，我们自身就会从欲望及其对立面中出离，我们就会与无意识更近，无意识的特性是一体、无限和永恒。这真的是远离冲突和痛苦束缚的自我解脱。“由此，心的本质才会被了知。”在这里，心显然是指个体的心，也就是其心灵。只要对无意识的认识是本文最重要的任务之一，心理学就能认可。

向心的本性致敬

793 这部分清晰指出心的本性是无意识的，因为其特征为“永恒的、未知的、不可见的、未被认知的”。但是它也具有积极的一面，这与东方经验一致。这些特征是“永远澄明的、永存的、放光的、明晰的”。这是个不容否定的心理事实：一个人越专注无意识的内容，它们就越有能量；会变得精力充沛，就好像内心被照亮了一样。实际上，它们转变为一种替代性的实体（substitute reality）之类的东西。在分析心理学中，我们在方法论上利用这种现象。我将其称之为“积极想象”（active imagination）。依纳爵・罗耀拉在他的著作《神操》中也使用积极想象的方法。也有证据表明，炼金术的哲学也采取这种方法。[1]

未见本心的结果

794 “关于庸俗的心的知识广为流传。”这个心明确指的是每个人的意识之心，与之对应的是未被了知的心的本质，也就是无意识。“那些未见本心，也不了解自身的人也会寻觅”这些教义。自我了知（self-knowledge）在这里被明确等同于“见到本心”。换句话说，对无意识的认识是了解自我必不可少的。对此类知识的希求在西方有充分的体现；心理学在我们所处的

1 *Psychology and Alchemy*, Part III.

时代产生，以及我们对与之相关的事情兴趣日益增强可以证明这一点。公众渴求更多心理学知识在很大程度上是由于痛苦：这源于宗教的失位和灵性层面指导的缺乏。“他们在三界流浪……正在感受痛苦。”无需对此多言，正如我们知道在道德煎熬中神经症意味着什么。这部分告诉我们当下这个时代为什么会出现无意识心理学。

795 即使人们会希望“了知心的本质，但无法了知”。本书再次强调了对心灵本质了知的难度，因为它是无意识的。

欲望之后果

796 那些“被欲望束缚的人是无法见到澄清光明的”。所谓的“澄清光明”(Clear Light)指的还是心的本质。欲望总渴求外部满足。这会锻造出一条锁链，将人束缚在意识世界当中。由此，人就无法觉察他无意识的内容。实际上，在一定程度上减少意识层面的努力，就会产生治愈的力量。但是这个度需要把握，每个人都不同，一旦过度收缩意识，就会导致忽视和压抑。

797 甚至“中道”最终都会“被欲望遮蔽”。这千真万确，对欧洲人再多唠叨也不过分。病人和正常人，一旦熟悉了无意识的材料便沉迷其中，就像以前向外寻觅的那种肆无忌惮的贪婪埋葬了他们那样。问题并非是断绝与欲望指向的客体(不论何物)之间的联系，而是不执着于欲望。我们无法通过无节制的欲望冲动来强迫实现无意识的补偿。我们不得不耐心等待，让无意识补偿自动升起。不管这种补偿以什么方式出现，我们只能接受。因此，我们只能采取一种沉思冥想的态度，而这本身常常无法具有一种解脱和治愈的效用。

超越的和好（At-one-ment）

798 “因为根本没有任何二元对立，所以多元也不对。”这无疑是东方思想中最重要的根本法则之一。并没有什么对立：上下是同一棵树。如同《翠玉录》中所说：“高就是低，低就是高，只有这样，才可以抵达‘一’的奇迹。”[1]多元论更是幻觉，因为所有分离的形式都起源于一的心灵基体当中，这是无意识的最深处。我们书中的陈述是心理学意义上的，指的是主观因素，以及因刺激而累积形成的信息。这个刺激指的就是第一印象。第一印象以先前经验来解读每个新的知觉。“先前经验”可以一直回溯到本能，进而到“遗传来的”和“内在的”心灵功能所具有的结构，即人类心灵祖先的和“永恒”的法则。但是书中的这种描述忽略了对外部世界可能的超越，这样的问题对古印度的数论哲学来说并不陌生。在数论哲学中，真实自我（prakriti）和本性（purusha）是本有（Universal Being）在两个维度上的极致，进而形成宇宙中的二元对立。如果一个人认同生命的一元论起源，那他不得不闭眼面对一切的二元论和多

1 Cf. Ruska, *Tabula Smaragdina*, p. 2.

元论，忘却一切的存在。问题自然会生起："为什么一会表现为多，而最终的实相却是一如的（All-One）？多元的起因，或者说，产生这种多元虚幻的起因是什么？如果一对自身满意，为什么要在多种镜像中显现自身呢？哪一个更真实呢？是照镜的它更真实？还是它用的镜更真实？"也许我们不该问这样的问题，因为根本就没有答案。

799 从心理学意义上说，"和好"的获得是通过从意识世界的"撤退"实现的。在无意识的最高阶段，不再有什么"暴风骤雨"，因为无有什么再被分别，以至于无法产生紧张和冲突，而这种冲突仅仅存在于现实的表层上。

800 可以使不可调和的存在（轮回和涅槃）合二为一的心（Mind），终究还是我们的心（our mind）。这种说法表达了深切的谦卑，抑或是一种过分的狂妄？这是否意味着宇宙之心"无非就是"我们的心？抑或我们的心就是宇宙之心？可以确认的是后者是对的，而且对东方人来说，这并非是狂妄的说法；相反，这是一个完全可以接受的真理。用我们的话说，这相当于"我就是上帝"。这是个无法比较的"神秘"体验，虽然对西方人来说，这种说法会招致高度的反感；但是东方人的价值观非常不同，他们认为自己的心灵与这些本初的存在一直有关联，而且从未断裂过。东方人共有的内倾性态度从来不会允许可感观的世界阻断自身与无意识的连接；尽管也有人从唯物的角度来思考，但是心灵的实体性从未因此遭到严重的质疑。

唯一可以与之进行类比的事实是：原始人的心，会把梦境和现实混淆。我们不会武断地说东方人的心灵观念原始。这自然不行，因为我们知道他们的文明和分辨令人惊叹。然而原始心灵存在于基体之中，这一点非常正确，因为这种观点重视心灵现象的效用（比如灵和鬼魂）。西方人只是简单地将另外一种原始人具有的能力发展了，这就是严谨认真、一丝不苟地对自然现象进行观察的能力，过程中牺牲了人的抽象。我们的自然科学就是原始人强大观察能力的缩影，我们只是在其中加了一点点抽象，因为害怕被事实所抵触。而东方人却是另外的情况，他们大大拓展了原始人的心灵，这个过程中使用了大量抽象方式。事实只能讲精彩的故事，但是也仅此而已。

801 因此，如果东方人说心每个人本自具有，欧洲人则相信万物背后存有客观真实，而这种真实大多源于人自身的观察，有时候是他的解读（所以他确实害怕太多的抽象）；两种迥异的方式与狂妄和谦卑无关，或者说前者的狂妄或谦卑并不比后者多。

自性大解脱

802 我不止一次提到这一点：让感受从意识转到意识淡薄的状态具有解脱的功效。虽然可能不那么精确，但是我也曾经描述过引发人格转变的超越性功用。我也强调过自发进行的无意识补偿的重要性。我也曾经指出瑜伽实践过程中对这个重要事实的忽视。书中的这个部分证实了我的观察。抓住"这些教义的全部核心内容"似乎也就是"自性解脱"的全部核心内容。西方人可能这么理解:"学习相关课程,不停重复,然后你就会自我解脱了。"实际上,这也是绝大多数西方瑜伽实践者的观点。他们非常善于"做",大多数人都热衷于这种向外的方式,而忘记了向心内求是这类教学的核心。在东方,"真理"已经成为集体意识的一部分,甚至小学生也可以通过直觉的方式来把握。如果欧洲人能够彻底转变自身,进而像东方人那样生活,承担起课程中所要求的道德的、宗教的、理性的和美学方面的责任,那么才可能从这些教诲中获益。但是你不能既是一个好的基督徒(在自身信仰、道德感以及对世界的理解方面都如此),同时又是一个纯粹的瑜伽实践者。我本人见过太多这样的人了,进而对他们产生极大的怀疑。西方人无法像自己糟糕的记忆力那样轻易摆脱自身的历史。有人说,历史存在于人的血液中。我决不会建议一个未仔细分析过自己无意识反应的人去接触瑜伽。如果你内心还与中世纪的基督徒一样黑暗,那么模仿瑜伽的行为有什么意义?如果你真的能够保证自己余生在菩提树下的兽皮上,抑或在寺院中度过,而不受任何方面的影响(包括政治或者你的证券),那么我会带着赞赏的态度重新审视你的行为。但如果你的瑜伽是在梅费尔、第五大道,抑或是在电话簿里的任何一个地方进行的话,那么这种瑜伽就是灵修的假冒货。

803 考虑到东方人的内心状态，我们可以认为像瑜伽这类教导是有效的。但是除非一个人做好准备，完全从外部世界退出，继而永远寻求无意识的解脱，否则纯粹的教授不会有用，或者至少不像你想象的那么有用。正因为这样，将自己的对立统合起来，尤其通过超越性功用的方式艰难地调和外倾性和内倾性，才显得必要。

心的本质

804 本部分包括一个有价值的心理学内容。书中说："心具有直觉性（'可以迅速了知的'）智慧。"这里，"心"是指当下觉知的"第一印象"。第一印象就是本能地传递先前经验的总和。这也证实了我们对东方内倾的固有认识。这种说法也让人们把目光转向东方直觉高度分辨的特点上去。直觉心的一个显著特征是青睐可能性，而忽视数据、事实。[1]

805 书中提到的真心"非存在"明显指的是无意识特有的"潜质"（potentiality）。事物只有在我们觉知其存在的时候才存在，这也可以解释为什么有如此多的人不愿相信无意识的存在。当我告诉一个病人说他的脑中尽是幻想，他总是吃惊地说无法感觉到，因为他一直处于完全不觉知这些幻想的生活状态。

---

1 Cf. *Psychological Types*, Def. 36.

心的称呼

806 描述“难懂的”和“晦涩的”观念的术语往往众多，这是理解这些观念的重要信息源。这些术语往往展现了这些观念飘忽的或具有争议的本质，即使这个观念就来自其产生的国家、宗教和哲学。如果一个观念特别直接，而且被广泛接受的话，那么就没有必要用那么多不同术语来称呼它了。但是当一件事物人们知之甚少，或者说本身可能具有模糊性而难以理解时，就需要从不同角度来观察，进而就会有许多术语被用来表达事物自身的独有特征。一个典型的例子就是哲人石（philosophers' stone）；许多古老的炼金术文献中都会用诸多术语来称呼它，各种名字可以形成一个长长的列表。

807 书中提到“心的称呼众多，‘难以数清’”，这表明心就像哲人石一般，一定是难以表达和具有诸多不确定性的。一个名字“难以数清”的事物必然具有诸多特征（正如同每个名字所表达的那样）。如果说真的是“难以数清”，那么肯定就是无法确切数出来有多少，进而说明事物自身几乎是无法描述的和不可知的，也无法被彻底通达。这对无意识来说也是成立的。这进一步证实东方人的心对应我们的无意识，尤其是集体无意识的概念。

808 在这个假设的基础上，本书继续说，真心也被叫作“心灵自性”（Mental Self）。“自性”是分析心理学中的一个重要概念，无需赘述。在此，我愿意列出参考文献，以便感兴趣的读者查阅。[1]虽然“自性”的象征性表达是无意识活动的结果，并且绝大多数情况下在梦中出现，[2]但思想所掩盖的事实并非仅仅是心灵上的这些事实，也会包含实体性存在的诸多方面。在本书以及其他的东方心理学中，“自性”代表的是纯粹的灵性观念，但是在西方心理学中，“自性”代表的是诸多观念的总和，其包含了本能、生理性及半生理性现象的存在。基于上述原因，对我们来说，一种纯粹精神性的总体是难以想象的。[3]

809 有趣的是，在东方也会有“异端”将自性等同于自我。[4]对我们来说，这种异端邪说太多了，几乎所有坚信自我意识（ego-consciousness）是心灵层面唯一存在的人都持此观点。

810 真心是“到达彼岸的方式”，这表明心或者自性与超越性功用有关。由于心的实体性不可知，无意识也如此，进而它总会以象征的方式在意识中出现（自我就是这样一种象征），象征是“一种到达彼岸的方式”，换句话说，这是一种转化方式。在我关于心理能量的论文中，我将这种象征叫作能量转化器。[5]

---

1 *Two Essays on Analytical Psychology*, index, s.v. “Self” ; *Psychological Types*, Def. 16; *Psychology and Alchemy*, Part II; *Aion*.

2 *Psychology and Alchemy*, Part II描述过一个这样的案例。

3 这不是完全批评东方观点。比如，根据*Amitāyur-dhyāna Sūtra*，佛身就在禅定中。

4 比如，cf. *Chhāndogya Upanishad*, viii。

5 “On Psychic Energy” (1928 edn., p. 54).

811 我把心或者自性理解为象征并非主观臆断;《西藏大解脱书》将心和自性称为“伟大的象征”。

812 令人赞叹的还有，书中承认无意识的“潜能”，理由在上面已经陈述；心被称为“唯一的种子”和“真理的潜能”。

813 无意识的这种基体性特征可以在术语“所有的本基”(All-Foundation)中体现出来。

心的永恒性

814 我已经解释了作为集体无意识一项特征的“永恒性”的意义。“自性解脱瑜伽”(yoga of self-liberation)据说就是用意识来重新整合已忘记的过去记忆。修复或回归(restoration, restitution)的主题在许多救赎的神话中都有所体现，也是无意识心理学的重要方面；无意识呈现正常人或疯子的梦境或自由幻想中大量的古代内容。在对个体的全面分析中，其自发唤醒的远古特征(作为一种补偿)本身具有让人回归的作用。事实表明，先兆的梦境非常普遍，这也夯实了本书提到的“未来的知识”。

815 真心的“自有时间”(own time)非常难以理解。从心理学的角度来说，我们必须同意伊文思—温慈博士在此做出的评论。[1]无意识当然具备“自有时间”，因为过去、现在和未来在

1 Cf. *Tibetan Book of the Great Liberation*, p. 210, n. 3.

其中融合了。邓恩（J. W. Dunne）的梦[1]梦见了之后发生的事情（他本来应当在事情发生之后才做这个梦），这种情况并非罕见。

真 心

816 这部分描述的是出离意识状态的心[2]，这在东方非常普遍。类似的描述也可见于中文文献中，比如《慧命经》说：

> 不生不灭，不去不来。
> 双忘寂静最灵虚，海水澄清潭月溶。
> 一片光辉周法界，虚空朗彻天心耀。
> 云散碧空山色净，慧归禅定月轮孤。

817 “你的心无法孤立于他人的心存在”，这是另外一种“一如”或“混杂”（all-contamination）的表达。因为所有的区别在无意识中都消失了，因此从逻辑上讲孤立的心也消失了。只要把意识的阀门降低，我们就遇上无意识的信息[3]，或者列维—布留尔（Lévy-Bruhl）所说的“神秘参与”（participation

1 *An Experiment with Time*.［Cf. Jung’s “Synchronicity” (1955 edn., p. 38).］

2 我已经在*The Secret of the Golden Flower*（1931 edn., pp. 21ff.）对此进行过解释。

3 *Psychological Types*, Def. 25.

mystique）[1]。我们的书里讲一心的证悟是指“三身同一”（at-one-ment of Trikāya）；实际上，一心创造了同一瞬间。但是我们无法想象在人类个体身上，这种可能性是如何实现的。一定会有人或者某些东西来体验到这种证悟，说“我知道同一，我知道没有任何区别”。而恰恰是这种实现自身表明它不可避免的不完善。个体无法知道与自身没有区别的东西。甚至当我说“我知道自身”（I know myself）时，一个无穷小的自我，即那个知道的“我”，也仍然与“自身”有分离。这么说，就好像原子般的自我被东方人的非二元论立场忽视了，而在那里隐藏着整个未被遗弃的多元宇宙和它未被征服的实相。

818 瞬间的体验是东方“迅速证悟”（“quick-knowing” realization）的一个例子。这是一种似乎一切都存在又不存在的直觉。如果我是个穆斯林，我应该坚信全善的力量是无限的，坚信安拉可以让一个人同时既是又不是。但是对我而言，

---

1 Cf. Lévy-Bruhl, *How Natives Think*.最近，这个概念与“前逻辑的心态”（état prélogique）一同受到民族学家的严重批评。而且列维—布留尔本人在他人生晚期也开始怀疑这些概念的效力。首先，他由于害怕“神秘的”（mystique）一词在知识界内的糟糕名声，而宣布放弃使用它。他这种对于理性主义的迷信让步的做法着实让人感到遗憾，因为“神秘的”这个词恰恰可以准确表达出“无意识认同”的特有含义。其本身确实就有一些神秘性的色彩。无意识认同作为一种心理学和心理病理学现象已经广为人知（对人、事物、功能、角色、地位和行为等的认同），这个词语更多是用来描述原始人而非现代人的特征。不幸的是，列维—布留尔并没有心理学方面的知识，而他的反对者们也忽视了这一点。

我无法想象这种可能性，在这点上，我假定东方式的直觉过头了。

心非造作

819 这部分强调真心无有任何特点，因此是非造作的。但是，宣称其非造作可能是非逻辑的，因为这相当于它有了个“特点”。实际上，对于一个不能分别，没有任何特点，甚至“不可知的”存在而言，你是无法做出任何宣称的。出于这种原因，西方心理学从不提及“一体”，但西方心理学讲无意识，称它是物自体、本体。用康德的话来说，它“仅仅是一种否定性的边缘观念”[1]。我们经常由于使用这种否定性表达而受到指责，但是不幸的是，理性的诚实不允许任何肯定性的表达。

内观的瑜伽

820 关于了知一心和无意识，还有什么疑虑吗？在这部分可以遣除这些问题。“一心是空性和无有任何因缘的，个体的心灵与之类似，如同虚空一般。”一心和个体心灵同样是空性和空无的（vacuous）。只有集体和个人无意识才符合这个描述，因为心灵的意识层面绝不会是“空无的”。

---

1 Cf. *The Critique of Pure Reason*, sec. i, Part I, 2, 3(cf. trans. by Meiklejohn, p.188).

821 正如先前指出的那样，东方心灵将主观因素放在最首要的位置，尤其是直觉性的"第一印象"，或者说心灵倾向。这可以在这句话里验证："所有的形象都是个人自己的概念，都是内心的造作。"

内在之法

822 法（dharma）、法则（law）、真理（truth）和指引（guidance）都是"心外无有"（nowhere save in the mind）。因此无意识具有西方人赋予上帝的一切特性。超越性功用表明，东方人认为的对法的复杂体验来自"内心"（within），也就是说，来自无意识，是多么正确。它也表明，超越于人自身控制的自发性补偿，与"恩宠"和"上帝的意志"之间具有一致性。

823 这部分连同上部分都再三指出，内观是灵性内容和指引的唯一来源。如果内观是病态的，如同某些西方人认为的那样，我们就不得不这样做：把几乎是整个东方，至少是未被西方式的祝福所染污的部分送到疯人院。

神奇的教诲

824 这部分把心灵称作"自然智"（Natural Wisdom），这与我在描述无意识的象征作用时用的表达非常相像。我用的是"自然的象征"[1]，当时我还对本书一无所知。我之所以提到这

1 Cf. "Psychology and Religion," chs. 2 and 3.

个事实，是因为它阐明了东方人和西方人心理学发现的相似之处。

825 书中的内容也证实了我们早些时候所说的一个“认知的”自我的不可能性。“虽然这是一个万有的实体（Total Reality），但并无有什么感知者，这是奇妙之处。”确实奇妙，也难以理解；这样的境界如何能真正**证悟到**呢？“恶无法染污它”，同时它“也不与善结盟”，这让人想起尼采说的“超越善恶六千英尺”。但是这句话的后果通常会被寻求东方智慧的人所忽视。当在温馨的家宅中舒服的垫子上安逸下来，在东方的神灵的庇护下，修习者就可以自由地享受这种崇高的道德超越（moral indifference）。但是这种智慧与我们的秉性和历史相容吗？我们的历史没有被这种智慧征服，只是被它遗忘了。我想两者不相容。任何修习高层次瑜伽的人都会证明自己道德超越，无论自己是作恶者，还是受害者。心理学家们很明白，道德冲突无法仅通过宣称自己几乎非人的优越性来得以解决。我们目前正见证着超人的恐怖例子：这个超人漠视道德原则。

826 我相信东方离恶也离善的解脱是与生活各个方面的不执着相匹配的。所以，瑜伽士超然于这个世界之外，没有任何攻击性。但是我怀疑任何一个欧洲人尝试不执着，仅仅是为了从道德考虑中解脱出来。任何打算修习瑜伽的人都要了知其深远的意义，否则任何所谓的追寻都是无用功。

伟大之路的四个阶段

827 书中说道:“这种禅修是离于定(心灵专注力)的。”通常瑜伽修习需要高度的专注力。我想我们都明白专注力意味着什么,但是要想理解东方人指的专注力非常困难。我们所了知的可能正好与东方人相反。研究禅宗就会知道这一点。[1]然而,如果我们从字面上去理解“离于心灵专注力”的话,就只能认为是在禅修中不把专注力放在任何事物上。这种状态很像意识的消融,进而直接进入无意识当中。意识总是与专注有关,只是程度不同而已;如果没有专注,就无法了知心灵活动和意识到任何事物。无有专注力的禅修状态可能是觉醒的状态,但是空无一物,就像要睡着了一样。书中把这叫作“最高阶段的禅修”,我们必须假定较低层面的、需要更多专注的禅修的存在。这里提到的禅修似乎是通向无意识的皇家大道。

伟大的光

828 在绝大多数的神秘主义当中,证悟过程中最重要的神秘体验通常用光(Light)来指称。这是个耐人寻味的悖论:向着在我们看来完全黑暗的地方前行,结果却会产生光明。然而,这就是通常所说的相反相成。许多启示仪式(initiation

---

1 Cf. Suzuki, *Essays in Zen Buddhism*.

ceremonies)中[1],会有一个向下进入洞穴当中,跳到水中最深处,抑或是在母体中重生的意象。重生象征描述了对立双方,即意识和无意识的融合,在仪式中是通过具体化的类比方式来表达的。在所有的重生象征背后是超越性功用。这种超越性功用会带来意识层次的提升(先前的意识状态由于无意识内容的加入而得到提升),这种新的状态有更多的洞察力,而这以更多的光明来象征[2]。因此,与先前状态的黑暗相比,这是一个更加光明的状态。在很多案例中,光甚至以一种视境(vision)的形式出现。

作为涅槃之路的瑜伽

829 这部分指出的方法是完全消融意识的最好方法之一,这种瑜伽的目标似乎是这样的:"没有行为和行为的作者,所以如果寻求,那么行为的作者和非作者到处都是,因此所有果位都到达,大圆满也证得。"

830 借着这个方法和目标的完善的阐述,我的评论到此为止。书中的另外部分也充满了令人惊奇的美和伟大的智慧,无需再对其进行评论。但是可以使用心理学语言对其进行阐述,以及采取我在第1部分中提出,并在第2部分加以阐述的原则进行解释。

---

1 比如依洛西斯秘仪、密特拉和阿提斯秘教中都是如此。

2 在炼金术当中,哲人石有很多种称呼,比如lux moderna,lux lucis,lumen luminum等。

《西藏度亡经》[1]的心理学阐释[2]

831 在进行心理学阐释之前，我向读者简要介绍下这部经典。

1 利用中阴期间来修法，为藏传佛教所特有，历史悠久，是非常殊胜的解脱方法。本书英文名为*The Tibetan Book of The Dead*，由藏文翻译为英文。大陆对中阴教法的认识，主要是通过英文版来进行的。大陆通常翻译为《西藏度亡经》(简体中文版由宗教文化出版社1995年和2003年出版，台湾徐进夫译，这也是比较近的一个版本)。台湾近年来有根据藏文直接翻译的版本《中阴闻即解脱：汉藏对译读本》(喜笑之歌出版社，2010年版，由确印卓玛尼师从藏文翻译为汉文)。在大陆佛教徒中，居士孙景风由藏文直接翻译而成的《中有教授听闻解脱密法》是译者认为比较完整的版本。居士元音老人曾经对中阴教法有过讲授，其讲记在佛教徒中有一定影响。感兴趣的读者可查阅相关内容。另有当代的索甲仁波切所著《西藏生死书》(原版为英文，简体中文版由浙江大学出版社2011年出版，台湾郑振煌译)，此书为中阴教法的教授，非直接对译；读者经常认为其就是《西藏度亡经》，属误解。——中译注

2 [本文初稿的德文标题是“Psychologischer Kommentar zum Bardo Thödol”(文前有简介，所介绍内容的一部分翻译后加入此处的前两段当中)，发表在*Das Tibetanische Tobenbuch*(《西藏度亡经》的德文版)，由Louise Göpfert-March翻译为德语(Zurich, 1935)。这篇阐释文章最终修改后收录于5th(revised and expanded) Swiss edition(1953)，后由R. F. C. Hull翻译，收录于*The Tibetan Book of the Dead, or The After-Death Experience on the "Bardo" Plane*, 3rd (revised and expanded) English edition，由Lama Kazi Dawa-Samdup翻译，W. Y. Evans-Wentz编辑，Sir John Woodroffe撰写了前言(London and New York, 1957)。收录此处时有少许改动。]

《西藏度亡经》,或者叫《中阴解脱法》(*Bardo Thödol*)[1],是一部为濒死之人和亡人讲授的佛经。与《埃及生死书》的类似之处是,它给处于中阴中的亡人提供指导,这个过程在死亡和再次投生之间,有四十九天[2]。本书有三部分。第一部分是临终中阴(Chikhai Bardo),描述了刚死的极短时间内,个体会体验到一种心灵深处的变化。第二部分是法性中阴(Chönyid Bardo),死后不久就会出现这个阶段,过程中会有非常多梦一样的状态,被称作"业力的幻相"。第三部分是受生中阴(Sidpa Bardo),在这个过程中,会寻找新的身体,投胎,进而开始再一次的生命过程。在中阴过程中,刚刚死亡时,个体会体验到强大的洞察感,意识变得极为澄明,这是获得解脱的巨大机会。这个过程很短暂,随后是各种"幻相"陆续出现,最终会引领心识再次转世。最初巨大的澄明之光会变暗,各种各样的状态显现,看到的景象会变得非常恐怖。这种变化伴随的是意识与解脱的实相脱离,进而离转生越来越近。本书的目的就在于让亡者的心在每个阶段都可以安定下来。这些过程中出现的幻相错综复杂,但是在每个阶段都有解脱的机会,而本书的内容就是教授亡人认清所见各种显现的本质。在西藏,出家人会在亡

---

1 bardo是指出生和死亡之间的阶段,中文称为中阴或者中有;thödol意为听闻解脱。——中译注

2 并非每个人都要经历完整的四十九天;但是对于大多数人来说,不会超过四十九天。——中译注

人的身体前念诵这部《中阴解脱法》。

832 对于本书先前的两位译者，已经过世的喇嘛达瓦桑珠和伊文思—温慈博士，我十分感激，恐怕再多的感谢也无法偿清他们的贡献。我所做的只能是尽自己微薄的力量，试着用心理学语言来将这部珍贵著作中的伟大智慧和问题向西方人传授。我确信所有以开放视角阅读此书，且无有任何偏见的人都会留下深刻印象，收获巨大。

833 《中阴解脱法》在翻译过程中更换了名字，编辑伊文思—温慈博士使用的名字是《西藏度亡经》，1927年书一出版就在英语国家引起轰动。这部书不仅仅为大乘佛教的研究者们所重视，而且由于其中蕴含的巨大悲悯和关于人类心灵奥秘的深刻洞见，寻求拓宽生命视野的普通人也对此书投注了极大的热情。从出版伊始，《中阴解脱法》就一直伴随着我，不但我个人的许多思想和发现受到其启发，我也从中获得了许多极深远的洞见。与《埃及生死书》总是让人说太多或太少不同，《中阴解脱法》给人们提供的是理性的哲学，而非前者那样提及诸多神与原始人。《中阴解脱法》哲学包括了佛教心理评论的精华；正因为如此，我们真的可以说它具有无与伦比的优势。书中提到，不仅仅是“忿怒相”，“寂静相”也是人类心灵在轮回中的投射。有觉悟的欧洲人都很明白这一点，他们因此见到自身的粗鄙和浅薄。欧洲人能够理解这些相的显现都是投射，但是他们无法接受这些显现同时也是真实的这个事实。《中阴解脱法》既能解释这种投射，又能解释它的实在。在最核心的形而上层面，《中阴解脱法》胜出觉悟了的和未觉悟的欧洲人。《中阴解脱法》中一直存在但未言明的前提是：任何形而上主张都具有无法言明的特征；意识层次多种多样，制约了形而上的现实。本书背后并非是欧洲人小心翼翼的"非此即彼"，而是大胆肯定地认为"彼此同时存在"。这种观念对西方哲学家来说可能有些无法接受，因为西方人喜欢简单明了；所以，有些西方哲学家会执着于这样的立场，用"上帝是"这样的表述；而其他人只是换个否定式，即"上帝不是"。这些带着敌意的朋友在看到下面观点时会怎样呢？

> 你要了知自性本空，而正如此才可能成佛；同时你要了知这就是你自己的意识，你自身应当安住于神圣的佛性之中。

834 我担心上面这个论断在西方哲学和神学那里均不受欢迎。《中阴解脱法》的思想从最高处讲是心理学。但是，对我们来说，哲学和神学还停留在中世纪和前心理学（pre-psychological）阶段，各种主张虽然会被倾听、解释、辩护、批判和争论，但持有这些主张的权威们，无有例外地不能成为被讨论的对象。

835 形而上方面的主张，也是**对心灵本质的描述**，因此必然具有心理性的一面。对于西方人的心灵来说，他们经常会臣服于“理性”解释，以此来抵消内心的憎恶，这太明显了。否则，真理会被认为是无法接受形而上的“真理”。无论什么时候，西方人听到“心理的”，就会理解成“**只是**心理的”。对其而言，“灵魂”这个概念是渺小的、无价值的、个人化的、主观的存在（类似的表达非常多）。因此，他们喜欢使用“心”来取而代之；不过他们也会默认一个非常主观的陈述也许是由心制造的，当然是由“宇宙之心”，乃至“绝对”自身（“Absolute” itself）制造的。这种相当离奇的方式很可能是想要平息认为灵魂微不足道所造成的遗憾。阿纳托尔·法郎士（Anatole France）似乎说出了一个适用于所有西方人的真理，在《企鹅岛》中，像凯瑟琳·德·亚历山德里对上帝说的那样：“给了人灵魂，但太小了。”

836 心灵自身具有内在的创造力，而且具有形而上的意义；其自身就可以安立形而上实体之间的差别。心灵并非仅仅是形而上实体的表达，其本身**就是**这形而上的实体。

837 《中阴解脱法》向我们开显了伟大的心理学真理。这并不是一个葬礼的流程说明，而是对亡人的一系列指引，引导亡人认识中阴过程（从死亡之后到转世之间，一般而言，最多四十九天）中不停变化的现象。如果我们暂且不论灵魂的超时间性（supratemporality，这在东方人那里是不证自明的事实），我们读者在将自己置于亡人的立场这一点上不应有什么障碍；我们应该仔细思考开篇部分的经文，其内容已经在前面以引言的方式陈述了。现在，下面的引导文要读诵给亡人听，读诵的语气是礼貌而非专横的：

> 尊贵的某某（称呼其名），谛听，谛听！你正在体验清净实相明光的光辉（the Radiance of the Clear Light of Pure Reality）。你应加以体认。尊贵的某某，你现前的智性，其性本空，无色无相，本来空寂，即是真空实相，普贤法界体性（The very Reality, the All-Good）。
>
> 你自己的这个智性，就是净识的本身，就是普贤王佛（The All-Good Buddha）。而所谓本空，并非空无之空，而是无有障碍，光明焕发，随缘赴感，喜乐充满的智性本身。[1]

838 这就是圆觉法身境界（the Dharmakāya state of perfect enlightenment）；我们应该用自己的语言来表述，一切形而上主张的基础都与意识的造作有关，这只是不可见的、无有形相的灵魂的显现。而“本空”（Voidness）就是对所有主张和一切语

---

1 本处采用的是台湾学者徐进夫的翻译。徐进夫将此书自英文翻译成中文，使用的译名是《西藏度亡经》，此处采用的是宗教文化出版社，2003年版；徐本人的注解在此未列出。——中译注

言进行超越后的状态。差别性显现意味着丰富，而这一切蕴藏于灵魂自身之中。

839 接下来是如下的引导：

> 你自己的这个光明晃耀、其性本空、与光明大身（the Great Body of Radiance）不可分离的净识，既没有生，也没有死，即是无量光——阿弥陀佛（the Immutable Light—Buddha Amitābha）。

840 可以确信的是，在这里，灵魂并不渺小，而是放光之神（the radiant Godhead）[1]。西方人要么认为这种说法是对神无有任何遮掩的亵渎，非常严重，要么认为这种思想非常可怕；抑或就是对此不假思索地轻率接受，进而产生一种可以自身通神的自我膨胀感。我们的态度都有些问题。如果我们可以控制住内心总要用这些来**做**点什么，或者用之来解决些实际问题的冲动，我们就有可能从这些教授中学到重要的洞见；即使不是如此，至少我们也可以看到《中阴解脱法》的伟大，即它甘愿放下自己高贵的身躯去给亡人传达最终极真理，而这些神就是我们灵魂显现出来的光明。西方人如果这么想，会认为上帝的光辉

1 这里的神主要指的是在中阴期间出现的具有各种面貌和身相的佛、护法神等圣尊，下同。——中译注

被夺去了，但是东方人不会这么想，太阳的光辉不会因为日蚀而显得黯淡；恰恰相反，人的灵魂就是神的光明，神就是灵魂。东方人维持这个悖论的能力高于不幸的安格鲁斯·西莱西乌斯（Angelus Silesius）。即使今天来看，西莱西乌斯在心理上也已经超出了那个时代太远。

841 《中阴解脱法》直接将心的本性向亡人指出，这一点太高明了，因为在世时生命本身无法将此告知我们。我们被各种各样的事情所逼迫，从没有机会认识到这一点；我们身处各种“既成的”（given）事情之中，忙着想弄清楚到底是谁让这些成为“既成的”。亡人也正是从这些“既成的”事情中解脱的；而这些引导文的目的就在于实现这种解脱。如果我们将自身放在亡人的位置上，就会发现收获颇多，因为我们从最开始的引导中就可了知造成这些既成的主体（“giver” of all “given” things）就在我们自身之中。这是真理，存在于一切之中（无论是最宏大还是最渺小都如此），却从未被人所了知；因为这虽然至关重要，但是看上去实在太浅显了，以至于我们从未了知这些。确切地说，这些洞见在那些关心存在意义的冥想者看来本就如此，对那些似乎天生就是诺斯替教徒的人来说显得并不突兀。他们因此相信救世主的存在，而这个救世主被称为“生命的灵知”（Manda d'Hayye，比如曼达派的救世主）。可能我们绝大多数人都不认可世界就是“既成的”。立场的彻底转变需要很大牺牲，但是必须事先完成，这样我们才能了知这“既成的”世界都是心灵使然。这一切显得太直接了，太戏剧性了，太令人印象深刻了，因此也让我们对“这些事情是发生在我们面前，而非去看我们是如何让这些事情发生”这样的观点产生信心。实际上，人自身的动物性使自身无法看到自己之外的世界是如何生成的。这也是为什么本书一开始就对这种徒劳进行“棒喝”，在引导文的教授中这会一直被强调，进而成为全过程中最重要的内容；同时，这也是实现根本转变的全部要义所在。实际上，《中阴解脱法》中的引导旨在将亡人从蒙昧中唤醒，旨在让亡人记起自己上师的教授，因为引导本质上是提醒亡人已经进入中阴阶段，就像提醒对“生”发起觉知是为了实现超越。就是这样的，至少所有古代文明的神话仪式中是如此，从埃及人到依洛西斯人（Eleusinian）的神话中都如此。在提醒对生发起觉知的过程中，尽管这种“超越”并非对死亡的超越，但这是一种内心关注点和角度的根本转变，是一种心理上的“超越”；用基督教语言来表达的话，就是从世俗和罪的束缚中得到“救赎”。救赎就是从先前的黑暗和无意识中的抽离和解放，不再受限于“既成的”一切，进而达到一种光明和释放的状态，一种胜利和超越的状态。

842 《中阴解脱法》远远走在时代前面，伊文思—温慈博士也感受到了这一点，这是一个开端，目的就在于唤醒我们出生之后就忘却的神性（divinity）。最终极和最重要的启示在开篇就被指出，这也是东方宗教的一个重要特征，而我们通常将之放在最后，比如在阿普列乌斯（Apuleius）的笔下，卢修斯（Lucius）只有在最后才被当作赫利俄斯（Helios，希腊神话中的太阳神）来供奉。在《中阴解脱法》中，最重要的部分先呈现，随之展现的内容次之，最后是在母体投胎。在今天的西方，唯一一种活跃的、仍然被使用的“导入仪式”（“initiation process”）[1]就是医生在进行心理治疗时对无意识的分析。这种直接深入意识底层的方式是一种苏格拉底辩论术，是将一些处于潜伏中的、未被意识感知的，以及至今还未产生的心灵内容带到意识层面。这种方法的源头是弗洛伊德的精神分析，主要关注的是性幻想。而这对应的只是中阴中最后的受生中阴，也是最低的一个层面。亡人由于无法在临终和法性中阴解脱，在这个阶段会被交合的男女所吸引，内心被性幻想占据，最终会到子宫那里投胎，从而开始新一轮的生命。同时，正如有些人可能会预期的那样，俄狄浦斯情结开始产生。如果业力决定要成为男性，他就会贪恋未来的母亲，憎恨未来的父亲；如果是女性，就会被未来的父亲深深吸引，而被母亲所厌恶。欧洲人通过分析来将无意识内容带到意识层面，进而平安度过这个弗洛伊德所说的特殊阶段，但是方向弄错了。他只是将幼儿性幻想追溯到子宫中。甚至也有人认为，出生时的创伤经验是心理分析中最主要的内容，心理分析甚至要深入婴儿的母体体

1 荣格一直使用这个表达来特指中阴阶段的引导。——中译注

验。不幸的是，西方人的理性到这里也就到头了。之所以说不幸，是因为有人还希望弗洛伊德的精神分析能追溯到比母体内体验（intra-uterine experiences）更深的源头。如果真的能放开顾忌去探索，那么理所当然就会超越受生中阴，到达仍是较低的法性中阴阶段[1]。不过，以我们现有的生物学观念，这样一种尝试可能不会被大家认可而取得成功，因为这需要一套与现有科学假设迥异的哲学观念作为基础。但是如果这个回溯的过程无有停止，我们终究会回到前胚胎阶段（pre-uterine existence），这是一个最重要的中阴阶段。如果能对真实案例进行这种回溯，无疑能导致前胚胎生命存在的发现，一个真实的中阴生命。要是能寻到这种生命的蛛丝马迹该多好。目前的现实是，心理分析师们很少会超越纯属主观猜测的母体内体验的层面，甚至广为人知的“出生创伤”也仍然是老生常谈，却没有什么解释力，无非是个假设：生命就是带着创伤来的，是一场预后不良的疾病。为什么这样说呢？因为生命的结局是死亡。

843 弗洛伊德的精神分析在其所涉及的所有重要方面，都没有超越受生中阴阶段；也就是说，个体是无法从性幻想和类似的“冲突”倾向（引发了焦虑和其他情感问题）中解脱的。然而，弗洛伊德的理论是西方人第一次尝试从人的动物本能来理解心灵问题，这可以与藏传佛教密宗（Tantric Lamaism）中的受

1　这里是指与临终中阴相比较。——中译注

生中阴对应。之所以弗洛伊德无法深入“神秘的层面”，其背后的恐惧是在形而上层面，这很容易理解。除此之外，如果我们认可受生中阴的教授，其中还有猛烈的业风(fierce wind of karma)吹动着亡人的心识，直到投胎后才停止。换句话说，到了受生中阴后，就无法再回到法性中阴，从后者到前者是被强烈的力量所推动的，进而到了动物性本能起主导作用和重新寻找身体转生的阶段。什么意思呢？任何到了这个阶段的人是无法再超越回去的，因为这个阶段会被动物性本能强烈束缚着，虽然想要摆脱，但是会一次又一次被拉回来，去寻找身体转生。这就是为什么弗洛伊德的理论只能抵达对无意识较负面的评价。这个理论[1]只是在说“只不过如何如何”。同时，必须要承认这种看待心灵的观点是典型西方式的，只是在表达上比那些胆怯的人更显眼、更简洁、更直接罢了，但是在最根本的层面，他们没什么差别。那么在这种关联的背景下，“心”到底意味着什么？我们也只能心存希望，认为终究会有决断。但是，正如马克斯·舍勒[2](Max Scheler)带着遗憾所说，对于这个“心”的力量，至少可以说是让人怀疑的。

844 在我看来，由于精神分析的帮助，西方的理性之心已经往

1 指弗洛伊德的理论。——中译注

2 [德国哲学家和社会学家(1874—1928)，关注的领域主要是价值论。]

前迈步，进入了某种与受生中阴相似的神经质状态；走到这里难免会停滞不前，因为有些人不容批评地假设：所有与心理相干的都是主观的和个人化的。即使如此，这种认识仍然是个巨大的进步，因为毕竟它让我们向着意识背后的世界前进了一步。这也暗示我们应该如何去阅读《中阴解脱法》中的教授，即向后追溯。如果西方科学能够帮助我们在一定程度上认识到受生中阴的心理学特征，那么接下来就可以考虑法性中阴是怎么回事了。

845 法性中阴的状态是业力幻相的显现，这种幻相源于先前的存在对于心灵产生的影响。根据东方观点，业力是一种心灵的延续，与转世有关系，其背后最核心的假设为灵魂具有超时间性。无论是现有的科学，还是理性，都无法理解这一点。最关键的是，我们对于个体去世后灵魂延续的可能性知之甚少，以至于我们无法想象如果一个人真的如此的话意味着什么。虽然如此，我们也知道，在认识论层面上证明这一点与证实上帝存在可能是一样难以实现的。只有我们在最宽泛的意义上将业力理解为**心灵的延续**(psychic heredity)，我们才会接受这个观念。心灵的延续确实存在，也就是说，心灵的延续可能会体现在疾病的先天倾向、性格特质和禀赋等方面。不过，即使自然科学将这些还原到物质层面(比如细胞核)，也无法削弱心灵的延续在这些难以回答的问题上的解释力。这些都是生命中的重要方面，主要都是通过心灵的方式来体现出来的，就像那些可遗传的生理特征在身体上体现出来一样。在这些世代延续的心灵特征上，有一类不仅仅在家族和种族中存在。它们是心理内容的普遍存在形式，这与柏拉图的形式（eidola，影像）有类似之处。有人也可能会将这些形式当作与逻辑**范畴**类似的内容，视其为可构成理性基础的范畴。但是只有在我们的“形式”中，我们才会认为其不属于理性的范畴，而是**想象力**方面的范畴。想象力的产物总是必然以视觉化的方式体现，形式在最初就具有意象的特征，而且是**典型**特征；这就是为什么我会向圣·奥古斯丁学习，将其命名为“原型”（archetypes）。比较宗教学和神话学当中具有诸多这样的原型，梦和精神错乱的心理学中也如此。在这些鲜活的意象表达和其试图表达的观念之间有着惊人的一致性，虽然你可能认为人类心灵超越时空，具有巨大的相似性，但是这种一致性还是经常会让你觉得：这是一段从远古而来的、最狂放的心灵旅程。实际上，原型的幻想形式（fantasy-forms）在不同时空中都是自发产生的，根本没有任何直接传播的踪迹可循。心灵具有结构化特点，这在不同的文化中都有着惊人的一致性（就像身体的一致性一样）。因此也可以说，原型就是前理性心灵（pre-rational psyche）的“器官”。它们都传承于起初无有任何具体内容的形式和观念。这些具体内容只是出现在个体生活中，个人的体验在这些精确的形式中得以体现。如果原型并非是超越空间的相同形式，那又该如何解释以下的事实呢？几乎在中阴的每个关键转折点，亡人都不知道自己已经死亡，这也是枯燥和半生不熟的欧美灵性文学中经常出现的内容。虽然我们能在斯韦登伯格[1]的书中见到相同的表达，但是这类事情通常还不足以传播到小镇的灵媒那里。认为斯韦登伯格和《中阴解脱法》之间的相似是因为传播而彼此知晓，那是无法想象的。这是个本初的普遍观念：亡人会继续存在于世，却不知道自己是不能显身的灵魂。这里的原型是：无论谁见过鬼就能立马见其显现。同样重要的是：世界各地的鬼魂特征大体相同。我当然知道那种不可验证的灵性假设，但我不准备做此论断。我必须让我自己满意于这样的假设：存在着一个普遍却精细的心灵结构，它是遗传下来的，为一切经验提供形式和方向。因为正如人体的器官一样，它并非仅仅是一些不同的、被动的物质团块，而是动力的、功能性的综合体，器官本身即非常重要；原型也如此，它如同心灵的器官一样，是具有动力性、本能性的综合体，进而在相当大的程度上决定了心灵的活动。这也是为什么我将其称为无意识的**主导因素**（dominants of the unconscious）。这种由普遍存在的、具有动力性的形式构成的无意识心灵的层面，我称之为**集体无意识**。

846　据我所知，个体并不会具有出生前或者前胚胎记忆，但是

1　斯韦登伯格（Swedenborg，1688—1772），瑞典科学家、哲学家、神学家以及基督教神秘主义者。——中译注

其中无疑存在着在世代间延续的原型。原型没有具体内容，因为个体最初没有任何经验。只有在具有个体经验时，这些才会进入意识层面，形式才得以显现。正如我们所知的那样，受生阶段的心理学含义是存活下去和出生（受生中阴就是“寻求投生的中阴”）。在这个阶段，任何超主观的心灵实体都无法存在，除非个体拒绝再次转生到意识世界当中。根据《中阴解脱法》的教授，对亡人而言，只要自身能够控制不被那些“灰暗的光”所吸引，则在每个中阴阶段都有可能超越须弥山的限制，而达到法身的状态。这几乎是说，对亡人而言，必须要全力避免理性的作用，如同我们所理解的那样，要放弃一直以来对自我的巨大执着（无论是由于理性，抑或是出于某种神圣的原因而持此观点）。这意味着要全然接受心灵的客观力量，以及其所带来的一切。根据《中阴解脱法》中所谓的死神审判（Judgment of Dead），死亡是一种象征性的概念。其意思是说，生命中所有意识层面的、理性的和道德上的结果都要终结，彻底放下《中阴解脱法》中提到的“业力的幻相”。业力幻相源自这样的信念：我们可见的世界有一个极度非理性的本质，这种本质不但与理性判断相悖，而且也无法让理性判断产生，其只是内心中无可抑制的想象的唯一产物。这纯粹是一场大梦，抑或是“幻相”。每一个明了这个真相的人会立刻生起警觉，告诉自己不要追逐这些；但是他们起初都无法将这种幻相与疯子见到的幻相进行区分。通常需要些许的意识水平下降

(abaissement du niveau mental)才能从这个幻相中的世界得到解脱。这时体验到的恐怖和黑暗与受生中阴阶段开头部分提到的经验是相对应的。但是这个中阴阶段也表明原型,即业力的幻相,最初是以恐怖的形式出现的。而法性中阴的状态则可与有意诱发的精神错乱相对应。

847 人们可能经常会听或读到瑜伽的危险,特别是名声糟糕的昆达利尼瑜伽(kundalini yoga)。某些特别不稳定的个体在修习后可能会出现癫狂的状态,有可能会演变成为真正的精神病,这种危险需要被万分重视。这类事情确实非常危险,但是不应以我们典型的西方人的方式去干涉。这是对命运的干涉,因为这种修习触及了人类存在的最深处,进而使那些圣者也无法预期的痛苦奔涌而出。这些痛苦可以与法性中阴中描述的地狱般的折磨相对应,具体描述如下:

> 死神会把你的脖子套上绳子拉走;他会割下你的头,撕碎你的心,扯出你的肠子,吞掉你的脑浆,喝掉你的血,吃掉你的肉,啃你的骨头;但是你那时并没有经历死亡。即使身体已经被劈成碎片,也仍会再生。但是一次又一次的砍劈会引发剧烈的痛苦和折磨。

848 以上种种折磨将危险的真正本质描述得很清楚。完整的中阴身瓦解了;中阴身是一种真实的、微细的身体,死后心识居于其中。心理学中与这种分解对应的概念是心灵的分裂。这种情况的极端体现就是精神分裂症。所有精神疾病中最大的共同之处就是意识水平的下降，有意识的心灵通常会运行的监督功能被废除了，无意识中“主导力量”的作用在诸多方面显现了。

849 从受生中阴转到法性中阴是有意识的心灵的目的和意向的危险逆行。自我的稳定不复存在了，会显现混乱不堪的情景，诸多鬼怪会在其中显现，在这个阶段不得不接受极端的不确定性。当弗洛伊德首创了自我是“焦虑的宝座”(the true seat of anxiety)时，他的直觉确实非常深刻和正确。恐惧自我牺牲深深潜伏在每个自我当中。这种恐惧通常只是被无意识的力量谨小慎微地控制着，以免出现全然爆发的情况。追求自性化(individuation)的人也无法幸免于这个危险的过程，因为这种恐惧本身也属于自我整体性的一部分，这种整体性包括类人的(subhuman)、超人的(supra-human)以及心灵的“主导力量”。自我最初做出巨大的努力才从无意识主导势力那里解放出来，后来或多或少为了虚幻的自由(illusory freedom)，使解脱减了半。解脱的过程是非常必要的壮举，但是这并不意味着结束：解脱仅仅是创造出一个**主体**，其为了寻求实现，必然会与**客体**遭遇。初看起来，客体几乎就是个体用投射夸大了的世界。我们想要在这里找到困苦，我们真的找到了；我们想要在那里发现敌意，我们真的找到了；我们想要在那里找到亲密和珍贵的东西，就真的可以找到。令人安慰的是一切善恶都能在可见的客体那里找到。善恶可以被征服、被惩罚、被毁灭、被享受，但是真相并不会让这种天堂般的天真永远延续下去。总是会有人禁不住认为这个世界及其相关经验都只是一种象征，确实以一种主体兼性的现实（transubjective reality）方式反映了隐藏在主体自我中的某种存在。根据藏传佛教的传统，正是出于这种深刻的直觉，法性中阴的真正含义才可以通达，这也就是为什么法性中阴被称为“体验实相的中阴”。

850 法性中阴中可证悟的实相，正如这部分教授的最后宣说的那样，是心或意识的实相（the reality of thought）。思想形式以实相的形式出现，幻相以真正的形式显现；被业力所引发的梦境在无意识中“主导力量”的作用下开始显现。最先出现（如果我们从后向前看的话）的是死主阎王，也是一切恐怖的象征，随后是二十八位大力忿怒圣尊和五十八位饮血部忿怒圣尊。尽管看上去恐怖，而且在显现上是混乱的，但是仍然有一种秩序可分辨。我们发现各位圣尊来自四个方向，而且可以通过神秘的颜色来进行区分。这些本尊和护法神在形成曼荼罗（或者成为圆形的坛城，中间是十字的形状，各个方向颜色不同）的过程中渐渐清晰起来。不同颜色分别代表着四种智慧：

（1）白光=大圆镜智放出的光

（2）黄光=平等性智放出的光

（3）红光=妙观察智放出的光

（4）绿光=成所作智放出的光

851 在一个更高层面上，亡人了知到这些真正的思想形式是自心向外的显现，四种智慧之光实际上就是这种显现。这就直接让我们认识到密宗坛城中的心理学。我已经在与已故的卫礼贤合著的《太乙金华宗旨》中讨论过这个问题。

852 在法性中阴中，我们最终会见到：绿色的不空成就如来、红色的无量光如来、黄色的宝生如来和白色的金刚萨埵不动如来，最终都会融入法界的无量蓝色光明中，而这法界就是佛身，光明就是从毗卢遮那如来心中的坛城中放射出的。

853 在这最后显现之后，业力的幻相就终止了；意识从所有形式和客体的束缚中抽离出来，返回到法身永恒的最初状态。因此，最初死亡时出现的临终中阴状态就达到了。

854 我认为，这里提到的有限说明能够让有心的读者瞥见《中阴解脱法》中的一些洞见。本书描述的顺序以倒过来的导入方式与基督教末世论中给出的预期相反。本书观点认为，要为灵魂降入身体中做准备。虽然一个人在选择是否要用基督教的象征来取代《中阴解脱法》中的本尊这一点上是完全自由的，但是对于彻底唯智论的和理性主义的欧洲人的世俗头脑来说，将《中阴解脱法》中提到的次序反转过来，同时视其为一种东方宗教导入的体验，似乎更容易被接受。不管怎么说，我在此描述的事情的顺序和欧洲人无意识现象学在经历“启示过程”时的顺序非常相似，也就是当无意识“正在被分析”时的顺序。无意识的转化发生在分析之后，这与宗教的启示仪式很相像。不过，原则上两者还是不同的：宗教启示仪式阻止自然发生过程；宗教启示仪式用传统中已经选定的一系列象征，来替代无意识转化过程中象征的随意产生。我们可以在依纳爵·罗耀拉的《神操》以及佛教徒和密教修行人的瑜伽冥想中看到这种差异。

855 为了便于理解，我建议书中章节的顺序倒过来。这并非《中阴解脱法》原本的意向。我们将其诉诸某种心理学的应用也只是次要的考虑，尽管喇嘛教可能认可这种考虑。《中阴解脱法》的主要目的在20世纪有教养的欧洲人看来可能非常奇怪，因为它想为亡人的中阴过程提供光明。天主教堂可能是唯一能对欧洲白人离开身体的灵魂有所助益的地方了。新教有一种肯定世界（world-affirming）的乐观。我发现新教徒中只有一些所谓的通灵“救助圈”（rescue circle），旨在让亡人觉知已死的事实。但是，总体而言，除了些许能为科学所了知，却无法为大众获得的秘密作品之外，西方并没有可以与《中阴解脱法》相媲美的东西。而在传统中，《中阴解脱法》也属于“秘密”之列。伊文思—温慈博士在前言中也提到了这一点。也正因为这样，书中专门包含了涉及“治愈灵魂”的一章，甚至超出了死亡的概念。这种对亡人的重视在理性上是与相信灵魂具有超时间性这一点有关的，但是非理性的一面是健在之人希望为离去之人做些什么的心理需求。后者是最基本的需求，已经彻底“证悟”的个体在面临亲友的死亡时仍会如此。这就是无论证悟与否，我们仍然会为亡人举办各种仪式的原因。如果说列宁不得不像埃及法老一样接受尸体被防腐处理，放在奢华的大陵墓中的结局，那么我们非常肯定，这不是因为其追随者相信身体会复活。另外，除了天主教堂中为亡灵做的弥撒，我们为亡人所提供的也仅仅是初级的，是在最低的层面上进行的，这并非仅由于我们自身无法相信灵魂是不朽的，还因为我们都已经将前述的，由于不再存在而产生的心理需求理性化了。我们表现得就像我们没有这种需求一般，因为我们不相信死后生命会继续转生，我们更喜欢什么都不做。头脑简单的人会由着自己来，比如在意大利，他们会将墓碑建造成具有阴森之美的存在。天主教为灵魂做弥撒，其层次已经比这个层面高得相当多了，因为他们并不满足于仅仅留下伤感的泪水，而希望多获得一些心灵上的益处。但是为亡人所做的最高层面的灵性努力确实存在于《中阴解脱法》的教授之中，细节是如此丰富，而且完全可以根据亡人情况的变化做出调整，以至于每个严肃认真的读者一定会自问，这些睿智的老喇嘛是否已经瞥见了第四维的奥妙，已经揭开了生命中最伟大的秘密。

856 即使人们可能会发现真相并非如此而失望，人们几乎也会承认中阴的生命愿景中有真实的成分。无论如何，这里对死后状态的描述出乎意料地独具创造：宗教[1]刻画出了最为恢宏的场景，以血红的颜色和循序堕落的特征绘画成恐怖的梦境。最光明的景象不在中阴的末尾出现，而恰恰在死亡刚刚发生之时；随后发生的是各种幻相和昏暗不断显现，最终是重新寻找身体，进而开始经历再次出生。灵性的高峰在生命终止时来到。人类的生命就是可以运载我们抵达最完美存在的工具；生命本身可以产生业力，使其死后可以安住于永恒的本空光明中，而不再有任何执着，不再有生命的流转，从所有的产生和坏灭中解脱。中阴的生命不会有永恒的善报，也不会有永恒的恶报，只是会再次转生，成为新的个体，而这个新生命会使个体向最终目标走得更近。[2]但是这末世论的最终目标是自身的新生，这是他本身世俗存在的辛劳和希望所结出的最终和最重要的果实。这种观念不仅仅高贵，而且具有男子气概和英雄本色。

857 中阴期间具有退行性(degenerative character)，这一点也可以由西方灵性著作所证实，那些著作反复向人们描述与“灵界”(spirit world)的沟通最终会如何乏味、疯狂，给人恶心的印象。科学家则迫不及待地把这些报告解释为来自灵媒和通灵

1 藏传佛教。——中译注

2 荣格可能对佛教了解不够深入，在佛教看来，中阴期间是巨大的解脱机会，然而并非一定是离解脱更近，如果转变成为地狱、鬼或者动物等形态，其距离解脱的时间是较人更远的。——中译注

活动的无意识，甚至用其来解释《西藏度亡经》中的描述。一个毋庸置疑的事实是全书出自无意识的原型。在这背后（对于这一点我们西方人的理性至关正确），没有任何物质或者形而上的实体，有的仅仅是心灵现实，仅仅是心灵的显现。无论一件既成的事情是主观性的还是客观性的，事实仍然那样**存在**着。《中阴解脱法》说的也就是这些，因为其中提到的五方佛（Dhyāni-Buddhas）自身也是心的显现。这也就是为什么，如果在个体生前并没有清楚了知心灵的本性，以及所有外在显现的背后都是一如的，那么亡人在死亡后必须要能认出这一点。神灵的世界的确"无非"是个体心中的集体无意识。把这句话倒过来就是，"集体无意识就是我之外的神灵"。并不需要什么复杂的脑力活动就如此，但是人要用一生，甚至要经历许多生，来增长这种完整性（increasing completeness）。注意我并没有说"增长完美"（increasing perfection），因为那些"完美"的人也会有其他的发现。

858 《中阴解脱法》开篇就昭示了它是本"封闭"的书，所以它一直保持原状，无论对其做出什么评论都如此。这本书只是向那些希望了知灵性的人开放，没有人生来就具有这种能力，但是经过特别的训练和体验可以获得。幸好有怀揣各类想法和目标的"无用"之书存在，这些书是给那些不甘满足于充斥着用途、目的和手段的现代"文明"的"怪人"留着的。

二

瑜伽与西方[1]

859 西方世界知晓瑜伽已经近百年了。虽然在两千年前，印度就有智者、裸体主义者（gymnosophists）和意守丹田的冥想者（omphalosceptics）把各种类型的神话故事从传奇的印度传播到欧洲，但是在法国人安克蒂尔·迪·佩农（Anquetil du Perron）把《奥义书》传播到西方之前，我们还不能说，欧洲对印度哲学及其实践有真正的了解。其后，牛津大学的马克斯·缪勒（Max Müller）编辑了"东方圣书"（Sacred Books of the East）。因为他和他编制的这套书，欧洲人才对印度哲学及其实践有了更深的全方位了解。一开始，这类关于印度的知识一直是由梵文学者和哲学家们专门研究的。但是不久之后，布拉瓦茨基夫人（Mme. Blavatsky）发起的神智学运动引入了东

1 ［本文最初发表于*Prabuddha Bharata*（Calcutta），February 1936, Shri Ramakrishna Centenary Number, Sec. III，由Cary F. Baynes翻译。读者诸君现在看到的文本，就是基于他的翻译。］

方文化，并使其广为人知。此后的几十年间，瑜伽在西方沿着两条互相独立的路线发展。一方面，瑜伽成为严格意义上的学术科学；另一方面，瑜伽成为某种类似宗教的东西，虽然它并没有成为一种制度化宗教。鲁道夫·斯坦纳（Rudolf Steiner）一开始是布拉瓦茨基夫人的追随者，后来他自立门户，创立了人智学，他和安妮·贝赞特（Annie Besant）曾努力想使瑜伽发展成为一种制度化宗教，不过他们并没有得偿所愿。

860 瑜伽在西方有如此奇怪的遭遇，这是因为：西方的环境迫使它与其本土传统分道扬镳。在西方，东方学说大多会遭遇一种特殊处境，而在早期印度等地，这种情况是无论如何也不会发生的。这种处境就是：在西方，科学和哲学之间有着严格的分界线。在瑜伽学说为西方所知之前，这条分界线就已经存在了大约三百年。科学和哲学的分裂是西方特有的现象，它们的分裂实际上始于15世纪的文艺复兴。在那时，伊斯兰教国家击溃了拜占庭帝国[1]，受此事件的刺激，社会大众对古代文明产生了广泛而强烈的兴趣。此后，古希腊语言文艺的知识首次传播到了欧洲的每个角落。“异教徒哲学”的入侵，直接导致了罗马教会和新教教会的大分裂，这次分裂很快波及整个北欧。但是，即使基督教由此而复兴，也一样束缚不了自由思想的发展。

1 公元1453年，信仰伊斯兰教的奥斯曼土耳其人攻陷君士坦丁堡，拜占庭帝国土崩瓦解。——中译注

861 地理大发现和科学大发现的时代开始了，社会思想也日益要求摆脱宗教传统的桎梏。因为公众确实需要宗教，所以理所当然，基督教会仍旧存在，但是它已经失去了在文化领域的领导地位。由于有不可超越的严密组织，罗马教会还能保持统一，可基督新教却分裂成了约四百个派别。这在一方面证明了基督新教之御众无能；却在另一方面证明了，宗教依旧具有不可抑制的生命活力。在19世纪，上述的变化慢慢促进了宗教调和论的发展，也导致了大规模的域外宗教组织的进入，比如：阿博都·巴哈（Abdul Baha）[1]的宗教、苏菲派、拉玛克利须那传道会（the Ramakrishna Mission）、佛教等。在这些宗教中，很多都融入了基督教的元素，比如人智学。此后形成的局面，就大致类似于公元3和4世纪的文化融合，彼时的希腊化式的文化融合中也同样少不了印度思想的影子。［参见：提亚纳的阿波罗尼奥斯（Apollonius of Tyana）[2]、俄耳甫斯—毕达哥拉斯秘密教旨（the Orphic-Pythagorean secret doctrines）、诺斯（the Gnosis）[3]等。］

862 所有这些组织都走上了宗教的道路，它们的绝大多数信徒都吸收自新教教会，所以，它们本质上都可被视为新教派别。

1 巴哈欧拉的长子、继承人及其著作的全权诠释者。巴哈欧拉则是巴哈伊教的创始人。——中译注

2 古希腊新毕达哥拉斯主义哲学家。——中译注

3 意为“灵知”。诺斯替教派认为，只有领悟“诺斯”，才能使灵魂得救。——中译注

新教的攻击目标是罗马教会的权威，这就在很大程度上摧毁了民众对教会的信仰，而教会正是神圣救赎的不可或缺的中介。如此一来，教会的职权转移到了个人身上，与此同时，个人还要承担起前所未有的宗教责任。忏悔和赦罪仪式的减少，加剧了个人的道德冲突，也使个人背负上很多问题。本来，教会可以举行圣事，尤其是弥撒，通过神甫主持的神圣仪式来确保个人的救赎，从而为个人解决他们背负的问题。那时个人唯一需要出力做的事就是忏悔、悔改和赎罪。而现在，为个人提供帮助的仪式已不再有，个人只能在没有上帝回应的情况下自行其是。正是因为存在着这种不满，所以，人们才需要宗教组织的存在来给出回应。人们需要有一个(更高的，精神上的，或者是神圣的)权威来给予可见的(至少是可以察觉到的)支持。

863 欧洲的科学无视人们的这种期待与热望，它坚持理智，对宗教需要和宗教信念漠不关心。在西方思想中，科学和哲学的分裂已经根深蒂固，这个注定无法避免的分裂也同样深深影响了瑜伽。它导致，一方面，瑜伽被当成了科学研究的对象；另一方面，瑜伽又被当成了一种广受欢迎的救赎方式。不过，在宗教运动内部，还有很多像基督教科学派、神智学、人智学这样的派别，它们试图把科学和宗教信仰、宗教实践结合起来。尤其是人智学，它喜欢自命为科学，所以，它就和基督教科学派一样，已经渗透进了知识分子圈子。

864　因为新教并没有为人们的发展预先铺好道路，所以我们发现，人们出于实际的考虑，会选择那些能保证自己成功发展的宗教。以前，教会作为中介一直为人们做的那些事，现在必须由人们自己亲力亲为了。但是，人们不知道**如何**做。假如我们认真对待自己的宗教需求，那么我们就会为信念殚精竭虑。因为，信念决定了它独一无二的教义。可是，信念是神赐的才能，天赐的恩典，而不是一种方法。新教徒完全没有方法，以至于很多新教徒都醉心于依纳爵·罗耀拉的严苛的天主教修行方法。他们当然可以这么做，可是一直就有一个最困扰他们的问题：宗教真理和科学真理之间存在着矛盾；信念和知识之间存在着冲突。这种冲突不仅是新教徒面对的难题，也是天主教徒的。这种冲突就是源于欧洲思想的历史性的分裂。一边是与生俱来的信仰宗教的心理冲动，而另一边是后天习得的信任科学的思想意识，且两者又程度相当，所以这种冲突就产生了。我们很容易想象这样一种心理状态：我们因为某种原因，觉得某事对我们来说像是真实的。在这种情况下，我们仅仅**知道**此事，但同时又**相信**此事。这两者并不矛盾。知识和信念都是必不可少的，缺一不可。

865　所以，如果一种方法既标榜是“宗教的”，同时又标榜是“科学的”，那么它肯定能在西方获得大众支持。瑜伽正满足了这种期望。因为瑜伽既有新事物的魅力，又有朦胧状的诱惑，所以它获得了大量信徒。但除此而外，还有一种颇为合理的解释，那就是：瑜伽不但提供了一套很受欢迎的方法，而且提供了一种异常深奥的哲学。因为瑜伽的体验有可控性，所以这就满足了科学家对“客观事实”的要求。另外，因为瑜伽博大精深，历史悠久，它的学说和方法覆盖了人生的方方面面，所以，人们总是憧憬它那不可思议的功能，瑜伽的宣传者总是强调这一点。

866 我无意奢谈瑜伽对于印度意味着什么，因为我不能用我的个人经验去冒昧判断那些我不知道的事。但是我可以谈谈瑜伽对于西方意味着什么。因为我们找不到方向，已近乎精神错乱。所以，任何宗教的或者哲学的实践都近乎一种心理训练；换言之，此类实践都是一种精神保健。瑜伽大量的纯身体动作亦为一种生理保健，但这种生理保健远胜于普通的体操或者呼吸运动，因为瑜伽不仅是机械的、科学的，同时还是哲学的。瑜伽训练了身体的各部分，在此过程中，瑜伽把心灵、精神和身体的各部分联合在一起。举例来说，这一点在普拉那雅玛（prānayāma）[1]练习中表现得尤为明显。在此练习中，普拉那（prāna）既是呼吸，又是宇宙的普遍动力。当个体练习和宇宙行为同步时，身体上的愉快（神经支配的）也将与精神上的愉快（普遍理念的）合一，并由此生出一个充满活力的整体，这个整体是任何技术都无法创造出来的，不管是多么科学的技术。

1 意为“呼吸—控制”。——中译注

瑜伽实践是不可思议的，可是如果瑜伽实践没有理论依据的话，它也是无效的。瑜伽实践使用一种非常圆满的方法，使精神和物质互相作用。

867 东方是这些理念和实践的发源地，在这里，不间断地延续了四千年的传统，为瑜伽的诞生创造了必要的精神条件。显而易见，瑜伽是一种完美、恰当的方法，它能使身、心合一，形成一个确定无疑的整体。由此，修炼者可以获得一种心理气质，这种气质能产生超越意识的直觉。印度人能够轻而易举地理解和使用普拉那那样的概念。与之相反，西方人却发现，自己实际上正处于这样一个困境：一方面，他们有想要信仰的不良倾向；另一方面，他们又执着于高度发达的科学批判和哲学批判。这样一来，他们要么落入一个信仰的陷阱，囫囵吞入普拉那、阿特曼、查克拉、三摩地之类的概念；要么拿起他们的科学批判武器，全盘否定它们，将之视为“纯粹的神秘主义”。所以，西方思想中的分裂，使西方人从一开始就不可能充分理解瑜伽的目的。如此一来，瑜伽要么被视为完全的宗教问题，要么被视为一种训练方式，好像佩尔曼记忆训练（Pelmanism）、呼吸控制（breath-control）、韵律体操（eurhythmics）之类。瑜伽追求宇宙万物的合一，这个特点西方人一点也没看到。印度人把身、心看得同等重要，而欧洲人总是顾此失彼。凭借着偏执一端的能力，欧洲人暂时地征服了世界。印度人则不会这样。印度人知道自己的本性，而且他们还知道，自己在多大程度上属于自然。而欧洲人虽然拥有关于自然界的科学，但是让人吃惊的是，他们对自己的本性，即他们保有的天性几乎一无所知。印度人有一种天赋：他们知道如何操纵外在自然和内在本性（nature within and without）的最高力量。而欧洲人觉得最糟糕有毒的，是压抑自己在成长中被扭曲的本性，而且还要把本性雕刻成一具心甘情愿的机器人。

868 据说，瑜伽师可以移动高山，但恐怕我们很难找到任何确凿证据。瑜伽师的力量受限于他的环境。另一方面，欧洲人却可以炸毁高山，世界大战给了我们一个悲痛的警告：如果一个丧失了人性的聪明人无所约束的话，那么他什么都干得出来。作为一个欧洲人，我不希望我们更多地"支配"、控制我们的内在本性和外在自然。当然，我必须承认我很惭愧。我一再说，我们的环境和瑜伽所要求的环境天差地远，但我最精深的思想正是拜此环境所赐（这些思想中有一些还很不错）。随着历史发展，欧洲人已经远离了他们的根，甚至于欧洲思想最终分裂为信仰和知识两橛；同样的，他们心理上的浮夸自大也最终难免于外强中干。欧洲人需要回归，不是卢梭式的回归自然，而是回归自己的本性。欧洲人需要做的，是重新找到合乎天性的人。但是，欧洲人最喜欢用一套方式方法，来压制那些合乎天性又与自己背道而驰的人。欧洲人肯定会误用瑜伽，因为他们的精神气质和东方人很不一样。如果可以，我想对所有人说："如果你学习瑜伽，你可以从中获得无穷财富，但是不要尝试去应用。因为我们欧洲人有自身的局限，所以我们无法正确应用瑜伽的方法，就是这样。印度的古鲁（guru）[1]可以解释任何事，而我们只能跟着模仿。不过，你知道是**谁**在应用瑜伽吗？换言之，你知道你是谁，你的气质是怎么形成的吗？”

869 欧洲科技的力量是这样显而易见的强大，我们甚至无需去例举：科技可以做什么？可以发明什么？但科技可能带来的巨大后果令我们不寒而栗。我们隐隐担心的是另一些问题：是**谁**在应用这些专业技术？是**谁的**手在掌控这种科技力量？现在，国家可以暂时保护我们，因为很显然，国家可以使国民不受大量毒气的侵害，免遭其他可恶的破坏性武器的屠戮，这些武器即刻就能大量产出。我们的专业技术是这么危险，所以今天最紧迫的问题，不是在技术方面还能更多地做些什么，而是应该如何培养被委任控制技术者的人格？或者是：如何改变西方人的思想，以使他们放弃那些可怕的技术？总之不是在现在的这条路上走得**更**远。更加至关紧要的是：要把西方人从权力的幻觉中唤醒，不能让他们在错误的意识里越陷越深，以为自己可以为所欲为。我们在德国频繁地听到这句口号：“有志者，事竟成（哪里有意志，哪里有可能）。”这句话已经夺去了数以百万计的人命。

870 西方人不需要更多地压过自然，无论是外在自然，还是内

1 意为宗教导师或精神导师。

在本性。在这两方面，他们都已经有了几乎压倒性的优势。西方人所缺乏的是：他们要自觉地认识到，和外在自然、内在本性比起来，他们都是卑微的。他们必须认识到，他们不能为所欲为。如果意识不到这一点，那么他们的本性就会毁了他们。他们不知道，他们自己的灵魂正以一种自杀式的方式在反抗他们。

871 因为西方人能把任何东西转化为技术，所以基本上，对他们来说，所有方法性的东西，要么是危险的，要么是无用的。瑜伽是一种保健方法，在这个意义上，西方人认为它和其他方法一样，是可以拿来使用的。但是，在最深层的意义上，瑜伽并非一种保健，如果我理解正确的话，瑜伽还意味着：令意识从主、客体的所有束缚中摆脱，并实现终极解放。可是，因为我们还做不到把我们意识不到的那些东西和我们分离，所以，欧洲人必须首先明白他们的问题所在。在西方，这个问题就是我们所谓的无意识。瑜伽技术专门致力于改善意识层面的思想和意志。只有当我们无需关注无意识的时候，即如果无意识在人格结构中只占一小部分的话，那么瑜伽的努力才可以确保成功。一旦无意识在人格结构中占了大部分，那么，所有在意识层面的努力都会无所作为。而且，由于心理受到束缚，将会出现一个讽刺性的结果，其结果甚至会和人们希望的完全相反。

872 因为东方有丰富的形而上学和象征主义，它们展示了无意识的更大、更重要的部分，所以这样一来，无意识给人造成的可能性影响就大大减小了。瑜伽师所谓的“普拉那”,其含义远不只是呼吸。对他们来说,“普拉那”这个词,还满载了它的形而上意义,仿佛他们真的知道,普拉那在这方面意味着什么。他们并不是用理性去把握普拉那,而是用他们的心、他们的腹部、他们的血液。欧洲人只会通过死记硬背来模仿、学习知识,所以,欧洲人就无法使用印度的概念来表达他们的主观感受。即使欧洲人有了相应的经验,他们是否会选择用直觉的概念(比如,普拉那)来表达呢?我对此深表怀疑。

873 瑜伽最初是一种自然的内省过程,其中也包括各种各样的个体变化。这种内省会导致特殊的内在变化,并由此改变人格。在几千年的过程中,内省被当成方法并系统化,但沿着彼此不同的路线发展。印度瑜伽本身,包含有丰富多彩的形式。之所以会有这种情况,是因为个体的经验本来就是各不相同的。但这并不是说,其中的任何一种方法都适合欧洲人自身的历史特点。实际的情况可能是:因为东方人并不了解欧洲人的历史特点,所以难以提供适用于欧洲人的瑜伽。而事实上,西方有两种文化成就:医学、天主教心灵疗法(the Catholic cure of souls)。实际上,它们为我们的精神健康出力最多,并且它们都已经发展出了可与瑜伽相匹配的方法。我已经提及依纳爵·罗耀拉的宗教方法;而至于医学方面,最接近瑜伽的,就是现代的心理治疗方法。其中之一就是弗洛伊德的精神分析,它一方面把病人的意识诱导回童年往事之中;另一方面，则将其引导到那些从意识层面压抑下去的各种各样的愿望和心理驱力之上。两者之中的后一项技术，是忏悔在逻辑上的发展，此项技术旨在通过一种人为的内省，使病人的无意识回到意识层面。

874 另有一种略显不同的方法：舒尔茨教授[1]的所谓“自发训练”（autogenic training）。这种方法有意识地借鉴了瑜伽。舒尔茨的首要目标是：减轻意识层面的束缚，以及由此引起的无意识层面的压抑。

875 和弗洛伊德一样，我的方法也是从忏悔实践发展而来的。和他一样，我也很关注梦。但是论及无意识，我们就有了分歧。弗洛伊德认为，就其本质而言，无意识是意识的附属，是个体的所有冲突的累积之所。我则认为，无意识是集体性的心理特质，而且它具有创造性。由于我们存在着这样根本的分歧，所以在“如何评价象征”，“如何评价解读象征的方法”这样的问题上，我们的回答自然就迥然相异了。总的来说，弗洛伊德的方法是分析的、还原的；我则另外加入了综合的方法。综合方法强调的是：就人格发展而言，无意识具有一定的目的性倾向。用这样的研究方法，我们发现无意识与瑜伽有很多重要的可比之处，尤其是这几种瑜伽：昆达利尼瑜伽、坦陀罗瑜伽的

---

1 ［德国精神病学家J. H. 舒尔茨。参见他的书*Das autogene Training*（Berlin, 1932）。］

象征、喇嘛教、中国的道教瑜伽(内丹)。这些瑜伽的形式及其丰富的象征,为我诠释集体无意识提供了很多珍贵的对比性材料。但是,在原则上,我不使用瑜伽的方法,因为在西方,任何东西也不应该强加给无意识。意识在通常情况下是紧张的、狭隘的,它已经很受束缚了,所以我们不能再火上浇油了。相反,我们要努力使无意识进入意识层面,并且使意识层面不再僵化。为了这个目的,我采用一种积极想象的方法:它是一种特殊的训练,通过暂停意识的工作(至少相对如此)来使无意识层面有机会获得发展。

876 如果说我对瑜伽持有如此苛刻的反对态度,那并不意味着我否认这种东方的智慧成就是人类智慧最伟大的创造之一。我只是反对西方人使用瑜伽,希望我的表白能使大家充分明白这一点。西方的精神发展路线是和东方完全不同的,所以我们可以想见,西方由此形成的环境是最不利于使用瑜伽的。西方文明史仅仅一千年,我们的当务之急,就是使我们的文明摆脱粗野的单边发展模式(重物质、轻精神的发展模式)。这首先意味着,我们要对人的本性有更深的洞察。但是,如果我们压抑、控制无意识;或者退一步说,如果我们照搬那些来自迥异环境的心理方法,那么,我们是不可能对人性有任何洞察的。在今后的几百年中,西方应该有自己的瑜伽,而这种瑜伽应该是植根于基督宗教的文化土壤的。

铃木大拙《禅学入门》序言[1]

877 铃木大拙关于禅宗的著作是最近几十年来对尚存佛教最好的介绍之一。禅学本身是植根于巴利藏这棵树而结出来的最重要的果实。[2]我们对铃木大拙这位作者感恩不尽：首先感激他缩短了禅与西方读者的距离，其次感恩他实施这个任务的方式。东方的宗教概念通常非常不同于西方的宗教概念，以至于仅仅是术语的翻译就经常制造出极大的困难，且不用说这些所用的词的意义是什么。在某些场合，这些词最好还是不要翻译。我在此仅举汉语中“道”字这个例子。这个“道”字在西

1 ［最初作为Suzuki, *Die grosse Befreiung: Einführung in den Zen-Buddhismus* (Leipzig, 1939)的序言发表。铃木大拙的文本由Heinrich Zimmer从原版*An Introduction to Zen Buddhism*翻译至德文。荣格的序言由Constance Rolfe翻译，收录于新版铃木大拙作品(London and New York, 1949)。］

2 东方的作者们自己承认禅源于佛陀拈花微笑的公案。灵山会上佛陀拈花示众，不发一言。只有大迦叶领会了佛陀之意。Cf. Shuei Ohazama, *Zen: Der lebendige Buddhismus in Japan*, p. 3.

方任何一个翻译当中都没有贴切的表达。原始的佛教文献包含着大部分欧洲人几乎没有办法吸收的概念和见解。比如说，我不知道在完全清楚地理解佛教的概念“业力”之前需要什么样的心理背景和准备。从我们所知的禅的本质来看，我们又碰上了一个无法超越的中心概念。这个奇特的概念就是“悟”(satori)，也可被翻译为“觉悟”(enlightenment)。铃木说：“悟是禅宗存在的理由，没有悟就没有禅。”[1]西方人理解神秘体验者所说的觉悟，或者宗教术语中的觉悟不太困难。然而，禅宗的悟所体现的是欧洲人简直没法理喻的一种特殊的觉悟方法和类型。为了解说，我请读者参考铃木描述的百丈怀海禅师(公元724—814)和儒家诗人以及政治家黄山谷(Kozankoku, Huang Shan-ku)[2]的觉悟体验。

878 下面再举一例：有一个僧人去参访玄舍(Gensha)。他想知道到达真理之道的入口在哪里。玄舍问来访的僧人：“你听到了小溪的潺潺流水声了吗？”那僧人说：“是的，我听到了。”玄舍师父说：“这就是真理的入口处。”

879 我觉得这些例子已经足够使我们有所感受，它们足够表达了觉悟体验的模糊性。即使我们一个又一个地再举例子，觉悟是怎么来的，它是怎么构成的，我们依然会觉得十分模糊。换

1 *Introduction to Zen Buddhism* (1949), p. 95.

2 Ibid., pp. 89 and 92f.

句话说，是靠什么得到了觉悟？觉悟了什么东西？这些也依然十分模糊。忽滑谷快天（Kaiten Nukariya）是一位东京曹洞宗佛学院的教授，谈起觉悟来，他这么说：

> 脱离了幻觉的自我概念之后，下一步我们要觉悟我们最内在的智慧。它纯净而又神圣，禅师们称之为佛心、菩提或者般若。它就是神光，内在天堂，通向所有高尚品德的门户，意识和思想的中心，是所有影响和力量的源泉，是善良、正义、同情、平等博爱、人性、仁慈的基石，是所有一切的标尺。当最内在的智慧被完全唤醒的时候，我们就能够认识到，我们每一个人在精神上，在本质上是平等的，也在自性上跟宇宙、生命或者佛是平等的。这也就是说每一个人都面对面地跟佛一起生活，也就是说每一个人与生俱来都已接受了上苍赐予的无量恩典，也就是说上苍唤醒了每个人的道德本性，也就是说上苍开启了每个人的天目，也就是说上苍展示了他新的能力，也就是说上苍认定了新的使命，也就是说生活并不是生老病死的流转，并不是眼泪的苦海，而是神圣的佛殿，是净土，在那里人们享受涅槃的极乐。[1]

880 这就是东方的一个学者（其本人也是一个禅宗高手）所描

---

1 *The Religion of the Samurai*, p. 133.

写的觉悟的本质。我们得承认，这一段落只需要几个小小的修改就能够进入基督教神秘体验的著作当中。然而不知怎么地，这一段还是让我们对在文献中被一次又一次描写的、关于觉悟体验的理解空手而归。我们假定忽滑谷教授是针对西方理性主义来表述自己的，因为他本人饱蘸了西方理性主义。正因为如此，所以这一切听起来都让人感觉是一个平铺直叙的教诲。禅宗典故深远的模糊性显然比这个《为多芬使用》(*ad usum Delphini*)般的改编更为言简义丰。

881 禅宗绝对不是西方意义上的哲学。[1]鲁道夫·奥拓(Rudolf Otto)也持有这个观点。他在大迫(Ohazama)关于禅宗的一本书的前言中说道："忽滑谷把东方概念中的'神秘的世界'引进西方哲学的范畴当中"，并且使两者混淆起来。"如果我们要用生理心理的尺度来衡量和解释神秘的不二直觉、一体以及两极一致性(coincidentia oppositorum)，那么我们就会彻底地落在公案、话头和悟的领地之外。"[2]我们最好还是一开始就让自己跟禅宗奇妙的模糊感融为一体，并且始终记住，悟是一个神秘而不可言说的体验，这也就是禅师们所希望的。从我们的思维方式来看，在禅的故事和神秘的觉悟之间有一道鸿沟，要填补这道鸿沟的可能性最多也只能是暗示，而不能被付诸实

1 "禅宗既不是心理学，也不是哲学。"

2 In Ohazama, p. viii.

践。[1]人们会有一种触摸到了一个真实的秘密的感觉，而不是一个想象的或假装的秘密。这不是一个神秘化的问题，也不是难懂晦涩的问题，而确实是一种体验，这种体验能让体验者瞠目结舌。开悟的时候你没法预知，它是完全不能期待的东西。

882 从基督教的角度来说，当经过长期的灵修准备之后，修行者被赐予三位一体或者圣者的幻象，那基督徒就会有这样的印象：这就应该是这样的。雅各布·波和密（Jakob Böhme）通过一束光线反射到一个锡盘上面而感悟到了人之本性，这种事情也是可以理解的。但是要理解消化迈斯特·埃克哈特（Meister Eckhart）手下“赤裸的小男孩”的显圣，那就更困难了，且不用说斯韦登伯格所描述的“紫衣人”。这个身着紫红色外衣者试图劝阻斯韦登伯格不要暴食，即使是这样，或者说正因为这样，斯韦登伯格还是把这个紫衣人视为上帝。[2]这样的事情是很难让人接受的，它濒于莫名其妙和稀奇古怪的边缘。然而许多禅宗的故事不光是濒于莫名其妙和稀奇古怪的边缘，而且就在其中。禅的故事听起来就像是最不着边际的胡扯。

883 对于带着喜爱和同情的态度来研究远东奇妙思维的人来说，禅宗许多扑朔迷离的故事实际上并非玄妙，而很平常。当

1 如果除此之外我在下文尝试“解释”，那么我很清楚就悟而言我并没有说什么有根据的话。但是，我必须努力至少使我们的西方理解接近于一种理解，这是一项很难的任务，在其过程中必然会犯下违背禅的精神的罪过。

2 Cf. Spamer, ed., *Texte aus der deutschen Mystik des 14. und 15. Jahrhunderts*, p. 143; Evans, *Meister Eckhart*, I, p. 438; William White, *Emanuel Swedenborg*, I, p. 243.

然，这些故事能够把单纯的欧洲人从一个迷糊带到另一个迷糊。禅宗的确是中国精神当中最奇妙的一朵奇葩[1]，是一个孕育于无穷的佛教思想的精灵。任何一个真正想了解佛教教义的人都将揣摩禅宗怪诞的个人觉悟体验背后隐藏的深不可测的东西，都将感受到西方哲学和宗教迄今为止一直想去掉的那种不安。所有想了解佛教教义，哪怕只是浅层地了解一些，以便于放弃某些西方人的偏见的人，都可能这样想。如果一个西方人是位哲学家，那他就会只关心跟生活没有什么实际关联的思辨和理解。假如这位西方人是基督徒，那他的卡车肯定不会携载异教徒（“上帝啊，感谢你，我跟其他人不一样”）。在这些西方界限里没有悟可言，悟十足是东方的东西。但果真是这样吗？我们真的没有悟性吗？

884 当你专注地阅读禅宗文学时，你就不可避免地有这样的印象：不管禅宗如何离奇，悟是一件**很自然的事情**，非常简单的事情；[2]如此简单，以至于你会只见树木不见森林，以至于你在尝试一贯的解释的时候，你所说的话好似给人一头雾水。因此，忽滑谷完全正确，任何试图分析和解释禅宗或者觉悟内容的尝试多是徒劳的。尽管如此，他还是冒险断言，觉悟“暗示

---

1 “毫无疑问，禅是留给东方人的最珍贵且最伟大的精神财富。” Suzuki, *Essays on Zen Buddhism*, I, p. 264.

2 “参禅之前，看山是山，看水是水；禅有悟时，看山不是山，看水不是水；禅中彻悟，看山仍是山，看水仍是水。” Ibid., pp.22f.

了洞见自性本质(the nature of self)的智慧"[1];并且断言,"悟是人心从自我迷失当中得到的解脱"[2]。所谓自性的迷失是常见的自我和自性的混淆。忽滑谷所理解的"自性"就是佛,也就是生命的全部意识。忽滑谷引用百丈禅师说,"心之月觉照宇宙";又引言,"心之月是宇宙的精神,而同时又是个人的生命,个人的精神"。[3]

885 不管我们如何来定义自性,自性总是有别于自我的。自性具有高于自我的洞见,能把自我引向自性。自性更加宽广,包括了自我的体验,但又超越自我。就像自我是对于我自己的某种体验一样,自性的体验也包含了自我在内。但是自性已不仅仅是一种更宽泛、更高层的自我形式的体验,而是一种无我(non-ego)形式的体验。

886 写《德国神学》的匿名作家对于这类思想很熟悉:

> 无论是上帝的哪种造物,至美应当得到理解,因为理解了至美,所以一切创造物的本性、被创造的状态、我、自我以及如此这般都必须放弃、扔掉。[4]
>
> 既然我僭取一切有利于自己的东西,我以前一直这样

1 *Religion of the Samurai*, p. 123.

2 Ibid., p.124.

3 Ibid., p.132.

4 *Theologia Germanica*, ed. by Trask, p. 115.

做，而且知道这些好事是我的，这种做法都出自盲目、愚蠢。如果真理在我，那我应该明白，我不是那一件好事，而那好事也不是我的。

然后那人说："看！我是个可怜的傻瓜，我曾想真理在我，但是，看！真理现在是，过去也是上帝！"[1]

887 这告诉了我们许多关于"觉悟的内容"。悟的发生被理解为，也被描述为一种**突破**，从一个狭隘的自我意识进入无我的自性。这种观点不仅仅与禅宗的精髓相符合，也跟迈斯特·埃克哈特的神秘主义相吻合：

当我从上帝那里流淌出来的时候，一切都在宣称："上帝！"然而，这种情况并不能使我感到受祝福，因此我宣称我自己是一个被创造物。但是当突破[2]发生的时候，当我以上帝的意愿空荡荡地站着的时候，当我清空了上帝的意愿、上帝一切的工作、上帝本人，我就高于一切的创造物。那个时候我既不是上帝，也不是被创造物：我是原本的我，我是我将要变成的我，现在是这样，永远是这样。然后，我感受到了一种力量把我一推，这一推把我抬高到了

---

1 *Theologia Germanica*, ed. by Trask, pp.120—121.

2 禅宗有一类似的意象：当一位大师被问到何为佛时，他答道，"漆桶底脱"(Suzuki, *Essays*, I, p.229)。另一类比是"破布囊"(*Essays*, II, p.117)。

一切天使之上。就这一推，使我变得如此富有，以至于上帝都不能满足我，尽管上帝拥有一切以及他所有神性的工作。在这个突破中，我看到上帝跟我合二为一。然而我是我的原本[1]，我既没有变少也没有变多，因为我岿然不动。我是推动一切的动因。在这里，上帝在人身上找不到位置，因为通过清空，人类已经找回了他的永恒，而且将继续保持这种状态。[2]

888 在这里，迈斯特·埃克哈特大师可以被看作在描述一种悟的体验，是一种自性让自我圆满提升的体验，这种体验被授予"佛性"或宇宙性。出于谦逊的科学态度，我不想给悟做一个形而上学的陈述，而只是想称其为能够感受的意识的改变。我把悟首先当作一个心理问题来看待。对于任何不想分享或者不明白这个观点的人，我的这种"解释"只能是徒有其名的言辞，而没有实在的意义。这种人就不能够在抽象的说教和被汇报的具体事实之间架起一座桥梁。换句话说，这种人就不能够理解花卉带来的芳香，或者说不能理解被拧的鼻子[3]可以带来如此巨大的意识的变化。自然，最简单的事情就是把所有趣闻轶事

---

1 Cf. Suzuki, *Essays*, I, pp. 231, 255. 禅意味着对人的本性的一瞥，或对原初之人的认知（p. 157）。

2 Cf. Evans, *Meister Eckhart*, p. 221; also *Meister Eckhart: A Modern Translation*, by Blakney, pp. 231f.

3 Suzuki, *Introduction*, pp. 93, 84.

归类到有趣的神话领域当中去，或者，假如你接受的话，把它们写成自我欺骗的实例（还有一种比较受喜欢的解释就是“自我暗示”，也就是来自智力贫乏的伤感的大白象）。但是，认真负责地调查这些事实一定能引起人们的察觉。当然，我们也绝对不能完全肯定一个人是不是**真的**“觉悟”了，或者“解脱”了，或者他只是在想象这种状态而已。我们没有标准来继续。更有甚者，我们足够清楚地知道一种想象的疼痛通常要比一个所谓真的疼痛更加剧烈、难受，因为想象的疼痛伴随着微妙的道德折磨，而这种折磨源于秘密的自责而造成的负面感觉。按这种道理来讲，我们关心的问题不是所谓的“确凿的事实”，而是一个**心智的现实**，也就是说，我们所讲的悟的心智的过程。

889 每一个心智的过程都是一个意象、一种“想象”，否则的话没有意识可以存在，意识的发生也会缺乏现象。想象本身是一种心智过程，与觉悟是“真实的”还是“想象出来的”并不相关。觉悟了的人，或者据说觉悟了的人，会在一切时间、地点认为他是觉悟了的。别人怎么说对他的体验无关紧要。即使他在撒谎，那么这个谎言也是一种心智的事实（a psychic fact）。即使所有宗教体验的报告都只不过是蓄意的编造和虚假，人们也可以就这些编造的虚假写出一篇心理学上非常有意义的论文，并且具有同样的科学客观性。人们经常用这样的手法来描述幻想的心理病理学。宗教运动跨越了很多个世纪，出现了许多出类拔萃的思想家，这一点就足够让我们认真地尝试，把他们的心智过程纳入科学理解的过程当中。

890 早些时候，我提出了西方有没有像“悟”这样的东西的问题。如果我们不算西方神秘主义者的言说，那么草草地看一看根本就找不出类似于悟的东西，即使在最轻微的程度上也找不出类似的东西。在我们西方的思维里面，意识的发展不存在等级或阶段的可能性。对客体的意识和对客体的意识的意识两者具有重大的心理学区别，这种思想听起来像诡辩、像遁词，几乎不需要回答。同理，我们对待此类问题时通常也做不到严肃考虑问题产生的心理状况。这类问题并非来自理智的需求，而几乎永远是植根于最初宗教的实践。在印度，它就是瑜伽；在中国，佛教提供了动力，这些动力使人们从一个不完美的意识当中挣脱出来。就西方神秘主义而言，经典的教义充满了人应该如何必须从他的自我意识里面解脱出来的训导，以至于通过自性的知识可以得到超越，并成为具有上帝似的内在的那种人。吕斯布鲁克的约翰（John of Ruysbroeck）运用了一个也出现在印度哲学里面的意象：一棵树，树根在上，树枝在下。[1]“他必须爬上去，爬进信仰之树，树是从上往下长的，因为他的根在上帝那里。”[2]约翰像瑜伽师那样地说：“人必须自由、无念，没有

---

1 “树根在上，树枝在下，这永恒的无花果树！……那就是梵天，是不朽。” Katha Upanishad, 6, 1, trans. by Hume, *The Thirteen Principal Upanishad*, p. 358.

2 John of Ruysbroeck, *The Adornment of the Spiritual Marriage*, p. 47. 这位佛兰德神秘主义者生于1273年，他不可能从印度文本中借用这个意象。

任何的执着，清空一切造物。”[1]“他必须不被喜忧、得失、生灭、对别人的关注、愉悦和恐惧所触动，不执着于任何的造物。”[2]正是在这种状态中他的存在才达成了“一体”，这就意味着“向内转”。向内转就意味着“一个人转向内部，进入他的内心，意味着他可以理解自己感受上帝内在的工作和内在的言辞”。[3]这种新的意识状态来自宗教实践，其结果是：外在的东西不再能够影响自我的意识（自我意识与外在客体相互执着）；一种空旷的意识产生，开放于其他的影响。这个其他的影响不再被感受为一个人自己的活动，而是被感知为非我的活动，而这种活动把意识本身当作了对象。[4]这好像是自我的主体性被其他超越了自我的主体所践踏、所超越了。[5]这是一种非常广为人知的宗教体验，在圣保罗那里也早已有所阐述。[6]无疑，这是一种关于新的意识状态的描述，由于透彻的宗教转化过程使它跟原来的状态区别开来。

891 有人认为，上述转化过程中意识本身没有改变，而只是意识的对象改变了，就像一个人翻过一页纸，用同样的眼睛看到

1 John of Ruysbroeck, *The Adornment of the Spiritual Marriage*, p.51.

2 Ibid., p.57，有改动。

3 Ibid., p.62，有改动。

4 “告诉我蕴于心的本性中的非自我的教义。”转引自Lankavatāra Sutra, in Suzuki, *Essays*, I, p. 76。

5 一位禅宗大师说：“佛就是心，或是见心者。”

6 Galatians 2:20：“活着的不再是我，而是基督活在我之中。”

了另外一幅图画，这种异义我不能赞同。我想这只是一个武断的诠释，因为它不符合事实。事实是，在你翻阅文章时，你所经历的不仅仅是图片或者物体，同时也是一种意识的转换。这种转换经常在最波澜起伏的心智激荡中产生。翻过一幅画以另一幅画来取代它，是一种普通的每天都发生的事情，这跟意识转换的体验的特质毫不相干。所以，**不是不同的东西被看到了，而是体验者看得不同了**，好像是观看的空间被一个新的层面所改变。当那位禅师问："你听到了小溪的潺潺流水声了吗？"他明显地意味着不同于平常"听觉"的状态。[1]意识有点像感觉，就像感觉一样，意识也会受制于条件的局限。比如说，你可以有不同层面的意识，可以有更宽泛的或者更狭窄的意识；意识也可以更多地浮在表面，或者更多地往深里去。这些意识的不同程度经常也就是意识的不同种类，因为它们总体来讲都依赖于个性总体的发展，换句话说，依赖于感知者的本性。

892 理性对感知者的本性没有什么兴趣，只要感知者思考得有逻辑就行。理性基本上只关心解释意识的内容，只关心解释的方法。要超越理性，突破所知者的"知识"，就需要一种罕见的哲学热情来推动。这种热情实际上无异于宗教的驱动力。结果，我们发觉这整个问题就属于宗教的转换过程，而这种转换

---

1 铃木大拙谈到这种改变："旧的观看方式被抛弃了，而世界有了新的意义……新的美，存在于'轻风'和'珠宝'中。" *Essays*, I, p. 249. See also p. 138.

过程又跟理性是格格不入的。古典的哲学在广泛的程度上促进了这个过程，而新兴的哲学对此过程讲得越来越少。叔本华在某种意义上来说依旧是古典哲学家，但是尼采的《查拉图斯特拉如是说》就不再是任何的哲学了，它是一种戏剧性的转换，完全吞噬掉了理性。它不再关心思想，而关心最高的感受，关心思想的思者。这本书全篇都是这样。一个新人，一个完全转化了的人，出现在舞台上，他摧枯拉朽，不仅仅仰观新天、俯察新地，而且创造了它们。安格鲁斯·西莱西乌斯（Angelus Silesius）比查拉图斯特拉说得更加谦虚一点：

> 我的身体就是一个壳子，里面藏着小鸡，在永恒精神的孵化下，它等待着破壳而出。[1]

893 悟在基督教里相当于一种宗教转换的体验。因为这一类体验有程度和种类的不同，所以更准确地描述基督教跟禅宗最贴切的体验也许并非多余。这无疑是一种神秘的体验，它不同于其他的体验，因为这种体验的初期是“放下”，“清空心中的念头和意象”。这就跟某些宗教体验相反，比如说，依纳爵·罗耀拉的宗教训练是基于观想圣像的实践。那种观想的方法里包含基督新教通过信仰和祈祷而得到的转化，也有通过集体体

1 Trans. by Willard R. Trask (unpub.).

验而得到的转化，因为在这里一个明确的期待起到决定性的作用，它不是通过“清空”或者“自由”而达到的转化。典型的埃克哈特的断言“上帝是虚无”，在原则上跟受难的冥想是不相容的，跟信念和集体期待也是不相容的。

894 因此，悟跟西方体验之间的沟通只能局限于少数基督教的神秘主义者。这些基督教神秘主义者的看似矛盾的言说绕过了异教的边缘，或者说实际上跨越了异教。我们知道正因为这些，迈斯特·埃克哈特的作品才受到了教会的谴责。假如佛教是我们通常意义上讲的“教会”，那么这个教会无疑将会发现，禅是一个让人无法忍受的捣蛋鬼。这样说不仅是因为禅的极其个人主义的方法，而且还因为许多禅师的反崇拜的态度。[1]禅宗是个运动，在几个世纪的过程当中，呈现出了多种形式，这在铃木大拙的著作《禅宗和尚训练》（京都，1934）一书当中可以看出。不过这些训练只涉及了外在的形式。除了禅宗典型的生活方式之外，灵性的培养或发展似乎依赖于参究公案的方法。公案可以理解为一个禅师矛盾的问题、陈述或者行动。从铃木的描述来看，公案主要由以轶事的方式流传下来的禅师的

---

1 “悟是最隐秘个人的体验。” *Essays*, I, p. 261.

大师向弟子说：“我无可告，如果我想告诉你什么，你就可能把我当成嘲弄的对象。另外，无论我告诉你什么，都是我的，而不是你的。” *Introduction*, p. 91.

和尚问大师：“我在求佛，但不知如何求。” 大师说：“这就像骑牛觅牛。” *Essays*, II, p. 74.

一位大师说：“不理解之心就是佛：而无其他。” Ibid., p. 72.

问题所构成。这些公案由师父提问给禅修的徒弟。一个经典的例子就是“无”的公案。一个和尚曾经问赵州禅师：“狗也有佛性吗？”禅师回答说：“无！”正如铃木所说，这个“无”非常简单地意味着“汪汪”，就像狗本身会回答的那样。[1]

895 乍一看，作为禅观对象的问题被这样提出来，好像预示着它的结果，或者对结果已经有了偏见，因此它会决定体验的内容。这好像在耶稣会的修炼当中，或者某种瑜伽禅定当中，它们的内容是由老师设置的任务所决定的。然而，公案非常丰富多彩，非常具有歧义性，尤其是公案无边无际的矛盾，足以使一个专家在考虑合适的答案时都感觉到十分茫然。还有，最后结局的描写是如此模糊，以至于没有一个单独的公案能让人发现任何一个公案和觉悟的体验之间所应有的理性关系。由于没有逻辑的顺序可循，所以我们还可以假定：公案的方法没有给心智过程的自由任何细微的限制；最后的结果来自学生个人的性情，而不是任何其他地方。禅修训练瞄准了彻底摧垮理性，这就使有意识的假设几乎完全缺失。有意识的假设会尽量地被避免，但无意识的假设不一定。换句话说，存在但没有被觉察到的心理倾向并未被拒之门外。这些没有被觉察到的心理倾向可以是任何东西，但不是空和心灵纯洁的状态。这种没有被觉察到的心理倾向是一种天然因素，当它回答的时候（这

1 *Essays*, II, pp. 84, 90.

显然是悟的体验)，它就是本性的回答，它成功地传达了对理性思维直接的反动。[1]禅宗学生无意识的本性，通过这类回答的方式来回应师父或者公案，这就是悟。从所给的描述来看，这起码对于我来说好似一种构建悟的本性的正确观点。这个观点也得到了一个事实的支持："洞见个人的本性或者见性"、"本来面目"以及个人深层的心智，这些对于禅师来说经常是终极的关怀。[2]

896 禅有别于冥想的任何其他训练，无论是哲学的还是宗教的，这是因为它的原理里边没有假设。通常，即使佛本身都会被严厉地拒绝，甚至是带有亵渎性地忽视，尽管或正因为佛可以是整个修炼过程当中最强大的精神假想。但是佛也是一个意象，因此也必须被搁置一边。一切都应该被扫荡，除了该在那里的，所有一切都不该在场：也就是说，只有带着一切无意识假设的人会在场，正因为这些假设是无意识的，所以肯定不能从他心中删除。这些看似来自虚无的答案，来自最黑暗的火光，一直都被体验为一种神奇的、祝福的觉悟。

897 意识的世界不可避免的是充满限制的世界，充满了挡路墙

---

1 "禅的意识将被培养成熟。当它完全成熟，就会破而得悟，悟是潜意识的洞察。" *Essays*, II, p. 60.

2 禅宗的第四句箴言是"见性成佛"(I, p. 18)。一个和尚问慧能大师，大师答道，"让我看你出生之前原初的脸"(I, p. 224)。一部日本禅学书籍说，"如果你想求佛，就要看自己的天性；因为这天性就是佛"(I, p. 231)。悟的体验向大师展现"原初之人"(I, p. 255)。慧能说："一切善恶都莫思量，自然得入清静心体。"(II, p. 42)

壁的世界。它必然是单面的，这是由意识性质的本身所决定。意识只能够涵盖少数几个同时升起的知觉。这几个知觉以外的一切都必须处在阴暗中，无法观察到。同时升起的知觉每增加一个就立刻会使意识削弱一点，但也许不至于把意识变得混乱。意识不仅要求，而且出于其本性，只能限于少数几个知觉对象，也因为如此，意识是具有分别性的。我们能够简单地、专一地决定总体倾向要归功于这个事实：通过注意，我们能记录快速流动的一串意象。但注意是一种努力，而我们并不总是能做到在注意。我们只能凑合着注意最少量的俱时知觉和成串的意象。因此，在广泛的区域，知觉可能不断地被排除在意识之外，而意识永远局限于最狭隘的圈子。如果一个个体意识能在刹那间摄入一切可能的知觉，那是不可想象的。如果人类已经从他能一次性看到的几件事中成功地建立了世界的结构，那么如果他能在刹那间清晰地看见更多的东西，他眼前会呈现出怎样神一般的景象？这个问题只是用于对我们**可能**的知觉。如果我们现在加上无意识的内容，即还没有或者不再能意识到的内容，然后想象一个整体的视野：哇，这是大胆得无与伦比的想象。这当然是任何意识形态都完全不可想象的，但在无意识形态中这是个事实，因为一切细微意识都存有在意识中被看见和表现的机会。无意识是所有细微的心智元素（subliminal psychic factors）的总和。这个总和无法展示，是潜在的“整体视野”。这个视野构成了人的总体气质，意识时不时地从中取出一些小碎片。

898 如果意识把它的内容清空到了极致，那么这些内容就落入无意识状态，至少暂时是这样。在禅宗里，这个转移来自禅者把能量从注意意识的内容转向空灵或公案。因为体验空灵和参公案均必须是稳定的，所以成串的意象废弃了，保持意识动能的能量也随之收敛。如此积攒的能量流向无意识，给无意识充电强化，直至其爆发。这就增加了无意识的内容挣脱约束、闯入意识的势态。不过，由于清空和关闭意识并非易事，必须经过时长不等的特别训练[1]，才能出现最大的张力，导致无意识内容的最终突破。

899 突破了的无意识内容远非是些散乱的东西。疯子的精神病经历显示，病人意识的内容和病人谵妄时突破而出的妄想之间存在着一种特殊的关系。这种关系同常人做梦时和醒着时的意识关系一样。两者的关系基本上是一种补偿关系[2]，即为了使意识完整、圆满，无意识内容将把一切必要[3]的信息带到意识层面。这个“必要”是最宽泛意义上的必要。如果无意识

1 菩提达摩是中国禅宗的创始人，他说道：“诸佛有无上妙道，是天长地久勤奋精进，行难行之事，忍难忍之情而修得的。哪能凭小德小智，轻慢之心，就想得到真乘，白费辛苦。” Suzuki，*Essays*，I，p.188.

2 这比单纯的“补充”关系更可信。

3 这种“必要”是一种假设。人们可以并且确实对此问题有不同的看法。例如，宗教观念是“必要”的吗？只有个人的生命规迹，即个体经验，可以做出决定。没有抽象的标准。

提供的或者被无意识强制抛出来的碎片能够与意识生活有机融合，那么一种心智存在（psychic existence）的形式就诞生了。这种形式能更好地应对个体个性的全部，摒弃个人意识和无意识之间无果的冲突。现代心理疗法就是建立在这样的原则之上的：它已经从历史的偏见中解脱出来，不再认为无意识只是一些幼稚的和道德低下的内容。当然，无意识里有低贱的角落，一个充满了肮脏秘密的旧杂货库。不过这些东西与其说是无意识，还不如说是隐藏着，仅仅被遗忘了。但所有这些与整体无意识的关系就好像一颗坏牙与整体个性的关系。无意识是所有形而上陈述、所有神话、所有哲学（只要不仅仅是批判性的哲学）、所有基于心理假设的生命表达的策源地。

900 无意识的每次入侵都是对一个确定的意识情景的一个回答。答案来自所有显现在前的想法的总体，也就是说，来自整体的习性或气质，即如上文所述，心智存在潜能中的一幅同时展示的画面（a simultaneous picture）。把整体分裂为单独的单位，使其片面、支离破碎是意识的本性和特质。来自气质的反动永远具有整体的特质，因为它反映的是还没被分辨的意识分割的本质。[1]正因如此，气质具有超强的效应，它是未曾预料的、涵盖所有的、全部照亮的答案。因为意识的头脑已经挤入

1 “当心做出分辨时，事物就是多重的；当心不做分辨时，它看到的是事物的真正状态。” *Essays*, I, p. 99.

了无望、暗黑的胡同，所以作为启示和照明的无意识的反动就需要更多的工作。[1]

901 因此，艰苦卓绝修炼了好多年，狠狠摧毁了理性知解之后，禅者从自然本身那里获得了一个消息，唯一真实的答案。有关悟的一切从此都能被理解。正如你自己所能看到的那样，禅者回答之**自然**给我们就禅的轶事而言留下了最深刻的印象。对，读者能带着某种老式淘气鬼的满足接受觉悟的弟子打师父耳光作为奖赏的故事。[2]当禅师回答"狗有佛性否？"时，他答道："无。"这里包含了多少智慧！但是，我们还得切记：许多的人不能区分荒唐和形而上学的笑话；又有许多的人相信自己非常聪明，以至于终其一生只见到傻子而从未遇上任何聪明人。

902 尽管禅宗对理解宗教转化的过程具有重要的价值，要在西方人中使用问题却很大。西方缺乏禅学所必须的精神教育(mental education)。我们当中有谁愿意隐约地相信殊胜的禅师和他不可理喻的方法呢？对人类伟大个性如此的尊重只能发生在东方。我们当中究竟有谁能自诩他相信一个看似无比矛盾的转化经历是有可能的？而且相信到了牺牲好几年的生活去疲惫地追求的程度？最后，除了可信度缺乏的人，即那种因为病理原因总爱为自己说一大堆话的人之外，谁敢为这种非

1 Suzuki, *Essays*, I, p. 223.

2 *Introduction to Zen Buddhism*, p. 94.

正统的转化经历来承担权威的角色呢？这种缺信的人没有理由来抱怨我们不跟从他。不过，我们需要一位“大师”给我们设立一个艰难的任务，一个远非仅仅鹦鹉学舌的任务。然后欧洲人就开始怀疑，因为陡峻的自我成长之路对欧洲人来讲就像是地狱之路那样阴暗和哀伤。

903 我不怀疑悟的经验在西方也存在，因为我们也有洞见终极目标的人，而且这些人不遗余力地向目标靠近。但他们保持沉默，不仅仅是出于害羞，而且因为他们知道任何把他们自己的经验传递给别人的尝试都是没有希望的。在我们的文明中没有任何促进这种内敛做法的努力，即使在价值捍卫者的教会那里也没有。说实在的，教会的功能就是反对所有原创性的体验，因为原创性体验只能是非正统的。我们文明中唯一而且应当能对此类原创努力有些理解的运动就是心理治疗。因此，一个心理治疗师在写这篇序文也就不是偶然了。

904 心理疗法从根本上来讲是病人和医生之间的一种辩证关系。它是两个心灵整体间的一场遭遇、一场讨论，在这期间，知识仅仅被作为一种工具而使用，目的是转化。这个转化不是预定的，转化的唯一标准就是自我的消失。医生的努力促成不了这段经历的完成。他最多只能让病人的道路顺畅一些，帮助病人树立一种态度，尽可能少抵抗这段具有决定性的经历。如果知识在我们西方程序中扮演着不小的角色，那么在禅宗那里佛教的传统精神氛围也具有同样的重要性。禅和它的法术只能在佛教文化的基础上产生。禅的每一步都包含着佛教的预设。我们不能摧毁事前并不存在的理知。没有一个禅宗大师是无知和缺乏文化的产儿。因此，我们也常常这样做：我们先得通过分析来确立一个清醒的自我和良好的理解，然后才能思考废弃自我和理性主义。还有，心理疗法并不对治像禅师那样准备为真理献身的人们，而经常对治欧洲人中最顽固的那些人。因此，心理疗法的任务比禅要多，漫长治疗过程中病人的阶段状况要比禅的案例更矛盾。

905　鉴于这些和许多其他的理由，把禅直接移植到我们西方土壤中既不值得称赞，甚至也不可能。同理，认真关心其治疗目标的心理治疗师在看到了东方心灵“疗愈”，即“整合成全”所努力的终端后不该无动于衷。我们知道，这个问题在过去的两千多年间占据了东方最冒险思想家的头脑。他们在这方面发展出来的方法和哲学让西方同类所有的尝试相形见绌。除了个别，我们的尝试都止步于魔法（神秘的巫术，基督教一定在其中）或者思辨（从毕达哥拉斯到叔本华的哲学）。只有歌德的《浮士德》和尼采的《查拉图斯特拉如是说》在我们西半球表示了整体经验的突破。[1]即使今天，我们也不明白这些西方头脑最优秀的作品或许最后意味着什么。它们充满了我们思

1　在这层关系中，我必须提到英国神秘主义者威廉·布莱克。Cf. Percival, *William Blake's Circle of Destiny*中的精彩描述。

想中出于希腊模子的物质性和具实性。[1]尽管我们的理智已经使猎鸟在最高处窥探最小耗子的能力发展到了几乎登峰造极的地步，一旦猎鸟不再寻找猎物，而让一只眼睛的目光向内**寻找谁在寻捕猎物**，地球的引力就会把猎鸟拉下来，而那鸟的业报就使它陷入满世界混乱迷惑的意象之中。接着，个体就掉入恶魔轮回的苦海之中，被不明恐惧和危险所围困，在错误的迷宫中被令人迷惑的海市蜃楼所威胁。所有命运中最糟的，即在他所处时代的无声无尽的孤独，威胁着冒险者。我们对歌德的"正事"(main business)，即他所称的《浮士德》所隐含的动机知道什么？我们对"狄俄尼索斯体验"的震颤又知道什么？我们西方人为获得自由、迈向圆满所吃的苦、受的难，在东方人那里必须拜读《西藏度亡经》(我建议过要倒着读[2])才能找到类比。问题就在这里：这不是什么善意问题，不是聪敏的模仿，也不是智力体操。这是心理治疗从过于草率、短见的理论、观点中解脱出来时隐隐约约、或多或少所面对的东西。如果他是个准生物论者，那他就总会把他所隐约看到的归类到平庸和已知的一类，归类到理性的名义下，去满足那些只对错觉感到满意的人。但所有错觉中首要的错觉是：真有东西能满足人。在所有过程中，在生活中所有不能忍受的事发生时，那个错觉

1 希腊人的天才在于从意识到世界的物质性的突破，因此他们夺走了世界原初的梦一般的性质。

2 [Cf. par. 844.]

就出现。这是最难克服的事情之一。如果心理治疗师能从助人的活动中抽出一点时间来反省一下，或者碰巧他被逼看透自己的错觉，那么当他遇上鲜活的、想要成长的东西时，也许他会明白，所有理性还原的做法是如何浅薄、贫乏，如何对生活怀有敌意。如果他如此接着走下去，那么不久他就会明白这些诗句的意思："把那扇门敞开，人类只是畏缩着走过。"[1]

906 无论如何，我不想让人理解为我在提供任何建议和计策。但当我们在西方开始说起禅的时候，我觉得我有义务给欧洲人指示我们到达觉悟"长路"的入口在哪里，在这条只有少数伟人走过的道路上布满了哪些障碍，而也许高山上有灯塔照亮着昏暗的远方和未来。认为三摩地和觉悟可能在这些高度轻易地遇上，是个灾难性的错误。作为一种整体的经验，觉悟只能是整个的，稍微小一丁点、便宜一丁点都不成。这在心理学上意味着什么？我们简单地想想：意识永远只是心智的一部分，因此意识永远不具备心智的整体性，无意识无限的延伸也因此有了需要。然而，无意识既不能被聪敏的公式逮着，也不能被科学的教条所驱走，因为命运的某种东西依附着它，有时候就是命运本身依附着它，《浮士德》和《查拉图斯特拉如是说》已经清楚地显示了这一切。整体性的获得需要把整个生命赌上去，少一点都不行，没有更容易的条件，没有妥协，没有替代。尽管《浮士德》

1 *Faust*, Part I, trans. by Wayne, p. 54.

和《查拉图斯特拉如是说》得到了最高的承认，但它们处在欧洲人所能理解的分界线上。因此我们难以期待受过良好教育的公众就一个在自性化过程中遭遇磨难的人的精神状态来形成一个充分的概念。自性化是我的用词，表示“打成一片”（becoming whole）。欧洲人然后扯出一些病理学的词汇，用神经症、精神分裂症的术语来满足他们自己，或者他们窃窃私语“创造性的秘密”。但是，如果一个人不是诗人的话，他如何“创造”呢？这个误解导致了不少人近来自诩为“艺术家”，好像艺术跟能力无关似的。如果你没什么可创造的话，也许可以创造你自己。

907 禅告诉我们“打成一片”在东方意义重大。沉醉于公案可能会使心脏脆弱的欧洲人的脊柱强直，或者能给心智近视的欧洲人戴上一副眼镜，这样他起码可以从“墙上该死的窟窿”[1]领略心智体验之一斑，而这类体验目前为止一直笼罩在云雾之中。体验没有什么害处。那些很受惊吓的人因此会有效地受到保护，以免他们进一步地变糟，也免于有意义的任何事情。这个保护通过“自我暗示”[2]方法实现。然而，我想警告关注和同情的读者，不要低估东方精神修养的深度，或者说，不要认为禅跟任何廉价的、轻而易举的事情有关。[3]西方勤奋耕耘出来

1 *Faust*, Part I, trans. by Wayne, p.44.

2 *Introduction*, p.95.

3 “这不是消遣，而是人生中最严肃的任务；游手好闲的人绝不会尝试。” Suzuki, *Essays*, I, p. 27; cf. also p. 92.

的对东方思想的信任在禅这里更为保险，因为在禅这里我们在印度狂热崇拜中发现的、神奇得不可理喻的言辞所幸一个都没有。禅也不玩哈达瑜伽那些复杂的技术。[1]这类技术让生理学观念深厚的欧洲人迷惑地、错误地希望灵性靠坐着和呼吸就能够获得。与此相反，就像所有想变成现实的伟大壮举一样，禅训练智慧和意志力。

1　大师说："如果你只是这样盘腿而坐地求佛，你就杀了他。你只有放开自己，不再这样坐着，才会达到真理。" *Essays*, I, p. 235. Cf. also II, pp. 83f.

东方禅修的心理学[1]

908 我的朋友海因里希·齐默(Heinrich Zimmer)曾经指出：瑜伽与印度宗教建筑关系密切。可惜他不幸早逝，这是印度学研究的重大损失。假如你目睹过印度生活的方方面面还是无动于衷的话，那么当你参观完婆罗浮屠(Borobudur)，或者巴尔胡特(Bharhut)和桑奇(Sanchi)的塔(stupas)，你就一定会有这种感觉：这里的景色和居民的精神心态都和欧洲截然不同。印度众多的精神财富，折射出了他们的精神世界。而对那些受

1 [本文以讲座的形式发表于Schweizerische Gesellschaft der Freunde ostasiatischer Kultur, in Zurich, Basel, and Bern, March—May 1943，后出版于 "Zur Psychologie östlicher Meditation", *Mitteilungen* (St. Gallen), V (1943), 33—53; repub. in *Symbolik des Geistes* (Zurich, 1948), pp. 447—472。先前由Carol Baumann翻译，收录于*Art and Thought* (London, 1948), pp. 169—179，此卷是为了致敬Ananda K. Coomaraswamy。

作者在第一句话里提到的Heinrich Zimmer的作品，是*Kunstform und Yoga im indischen Kultbild* (1926)，这一作品的核心论点在他身后出版的英文作品中得到再现，尤其是*Myths and Symbols in Indian Art and Civilization*(1946)和*The Art of Indian Asia*(1955)。另参见《印度的圣人》一文。]

希腊影响甚深的欧洲人来说，这种精神乍看起来显得奇怪且难以理解。我们的大脑认识事物；我们的眼睛，就像戈特弗里德·凯勒（Gottfried Keller）所说，“迷醉于炫目的花花世界”。总之，我们通过各种各样的外部观感，形成关于内在世界的结论。我们甚至依据这样的原则：“眼见为实（感官没有感受到的东西，心里也不会有）。”不过，这个原则似乎在印度无效。虽然印度的思想和艺术**呈现**于感官世界（sense-world），但是它们并非根源于感官世界。虽然它们常常和令人脸红心跳的肉欲一同呈现，但是，就其最真实的本质而言，我们即使不能说它们是超肉欲的（suprasensual），至少也该承认它们是非肉欲的（unsensual）。印度不是感官的世界、肉体的世界、声色的世界。我们也不必根据印度信仰而认为：有人因贪恋娑婆不愿往生而重生于此；有人因业力驱使变换形态而轮回于此。我们毋宁认为：就其形而上的性质而言，印度或是天国，或为冥世（an underworld or an overworld）。我们熟悉的人间景象到了这里，就变得稀奇古怪。例如，南印度有让人过目难忘的卡塔卡利舞者（Kathakali dancers），如果你仔细观察他们扮演的众神，你会发现其中没有一个**自然**的姿势。他们的所有动作都是奇怪的，看起来不太像是人类的动作，忽而很低级（subhuman），忽而又很高超（superhuman）。这些舞者不像人类那样步行，他们滑行；他们也不用大脑来思考，而用双手。甚至，他们的面目都隐藏在蓝色的珐琅面具之后。在我们所知的世界中，恐怕没有什么能比这种怪诞奇观更夸张了。看着这些奇观，我们会被带入一个梦幻的世界，也只有在梦幻中，我们才有可能见到类似的情景。但是，正如我们曾睹其真身，或其寺庙雕像那样，卡塔卡利舞者不是梦幻泡影；他们的形象极具活力，而且在每个细节上都保持一致，或者说，他们仿佛是一个有机的整体。如此的形象不是已经作古的鬼魂或幽灵，他们更像是**未曾存在**（have not yet been）的真实，更像是随时呼之欲出、即将出现的真实。

909 如果你为此彻底折服，你会很快发现：这些形象之所以能打动印度人自己，是因为他们认为这不是梦幻，而是现实。而且的确，这些形象也深深地触及了我们内心深处的某种东西，其强烈程度让我们难以形容。同时我们还发现：我们被打动得越深，我们的感官世界就越觉得身处梦境；我们仿佛置身于一个诸神的世界，他们显得那样栩栩如生。

910 欧洲人刚到印度就发现，周围到处都是肉体形象。但是在印度人看来，这不是印度；这不是**他的**真实。真实（reality），如德语“Wirklichkeit”所谓，指的是：**能起作用**（works）。我们认为，起作用的东西，其实质就是我们看见的世界；而印度人则认为，其实质是灵魂。印度人认为，世界仅仅是表象（show）或表面。他们所认为的真实，差不多就是我们所谓的梦幻。

911 东西方之间存在着这样一个奇怪的对立，其最明显的表现就是宗教实践。我们会谈论宗教对人的改善和提高；对我们来说，上帝就是宇宙之主（Lord），我们的宗教追求兄弟般的友爱，在我们巍峨高耸的教堂里，有**高高的祭坛**。而另一方面，印度人则热衷谈论禅定（dhyāna）、静心（self-immersion）、深入（sinking）冥想；神内在于所有存在之中，尤其是在人之中，人们把注意力从外部世界转向内部。在古老的印度神庙中，祭坛陷入地面六至八英尺深。对我们来说是羞于见人的东西，对印度人来说却是最神圣的象征。我们信仰**行动**（doing），而印度人信仰漠然**存在**（being）。我们的宗教仪式是祈祷、礼拜、唱圣歌，而印度人最重要的宗教活动则是瑜伽。所谓瑜伽，就是沉浸入我们所谓的无意识状态。不过，印度人却把无意识推崇为最高等的意识。瑜伽是印度精神最生动的表现。同时，瑜伽作为一种修炼方法，也被用来继续培育印度的这种特殊心态。

912 那么瑜伽是什么？这个词的字面意思是"用轭连接"（yoking），即训导心灵中的本能力量。在梵文中，这种本能力量被称为"烦恼"（kleshas）。瑜伽的目标就是控制这些力量。因为，正是这些力量把人类束缚在这个世界上。烦恼这个词相当于圣奥古斯丁所谓的傲慢（superbia）和肉欲（concupiscentia）。瑜伽种类繁多，但目标一致。我不想谈那些纯粹的身体运动，只想在此提一下，有一种所谓的哈达瑜伽：它是一种健身运动，主要包括呼吸运动，还有一些特殊的身体动作。我已经许诺，这次讲座将讲述一部瑜伽文本，这部文本较为深入地向我们展示了瑜伽的心灵变化过程。这是一个鲜为人知的佛教文本，它用中文写成，但翻译自原始梵文，它从公元424年起一直流传至今。它叫作《观无量寿经》，是观想无量寿佛的经典。这部经在日本有很高的价值，它属于有神论的佛教（theistic Buddhism）。有神论的佛教有这样的观点：最初的佛，叫作本初佛或者摩诃佛，他生出了五尊"禅那佛"，或称"禅那菩萨"。五佛之一就是阿弥陀佛，他是"放射无量光的落日之佛"，他是净土世界（Sukhāvati），即极乐世界的主人。正如入灭的释迦牟尼佛是我们现在这个时空（world-period）的导师，阿弥陀佛则是我们现在这个时空的保护者。不过很奇怪的是：在阿弥陀佛的祭礼中，有一种圣餐宴（Eucharistic feast），其中有神圣的面包。阿弥陀佛有时候被描绘成手持器皿的形象，器皿中是圣水，或者是让人起死回生、长生不老的食物。

913 这本佛经[1]以一个故事作为开始，对此我们没有必要详述。一个王子阴谋杀父害母，于是王后在绝境中向佛陀呼救，请求佛陀派遣两大弟子目犍连、阿难来帮助她。佛陀满足了她的愿望，然后两大弟子即刻出现了。与此同时，释迦牟尼佛本人也出现在她面前。佛陀引领王后观看了一共十个世界的景象，王后可以任选其一，投生其中。王后选择了阿弥陀佛的西方世界。然后佛陀教给了王后一套瑜伽方法，可以确保王后投生阿弥陀佛世界。在各种道德教诲之后，佛陀又对王后说了下面

1 *Buddhist Mahāyāna Sūtras*, Part II, pp. 159—201, trans. by J. Takakusu，稍有改动。

的话：

914 你和其他所有的众生，应该集中精力于一处，致力于观想西方。怎么进行观想呢？我现在来解释。所有的众生，如果不是天生目盲的话，都能看见落日。你应该用正确的方式坐好，看着西方，使你的思想集中精力去观想太阳：心念紧密专注于太阳，并以此使知觉坚定。当它将要下落，看起来像一个悬鼓的时候，你要更加仔细地盯着它。你因此看到太阳之后，不管是睁眼还是闭眼，都要让你看到的景象保持清晰和稳定。这就是日想，就是第一观（the First Meditation）。

915 我们已经述及，无量寿的阿弥陀佛的象征就是落日。经文继续写道：

下面你应该作水想：凝视着清澈纯净的水，使你感知到的图像同样保持清澈且稳定；不要让你的思想纷乱。

916 前文已述，阿弥陀佛也是永生之水的施与者。

917 你因此看见水后，应该再作冰想。如果你看见冰闪耀且透明，应该再想象琉璃。在那种情况出现之后，你会看见琉璃的地面，从里到外都透明且闪耀。琉璃地面之下，将会出现金刚七宝金幢支撑着地面。金幢向八方伸展，完全填满了地面八方的角落。八方的每一面，都有一百块宝石，每块宝石有一千条光线，每条光线有八万四千种颜色。当这些颜色在琉璃地面里反射时，就如同成千上万的太阳，你根本无法一个一个地全部看见。琉璃地面之上，拉伸着金色的绳索，交叉缠绕在一起。金色的绳索把琉璃地面分成若干部分。每条分界线，都由成串的七宝制成。分隔出的每部分都清晰而且显著……

如果你有了这样的知觉，你应该一一观想它的每个成分，并且尽可能使这些形象清晰。这样一来，不管你是睁眼还是闭眼，它们都不会散失。除了睡觉，其他时候你都应该把这些形象留存在大脑里。据说，能够观想到这个阶段的人，已经可以朦胧地看见极乐世界。而达到了三摩地［超自然的安定状态］的人，则能清清楚楚地看到阿弥陀佛的世界。但这片国土之妙难以用语言形容。这就是地想（the perception of the land），就是第三观（the Third Meditation）。

918 三摩地就是“撤回”（withdrawnness），也就是这样一种状态：把自己与外部世界的所有连接都收回，并且纳入内部世界当中。三摩地是八正道（the Eightfold Path）的第八个层面

(正定)。

919 接下来是对阿弥陀佛世界宝树的观想。再接下来则是水想:

> 极乐世界有八池水。每池水都由柔软的七宝组成。产生出七宝的,乃是能满足所有愿望的珠宝之王[如意珠,能满足愿望的珍珠]……每池水的中央,都有六千万朵七宝制成的莲花。每朵莲花都一样大,而且圆满无瑕。……宝水在花间流动……水声悠扬悦耳。流水颂扬所有完美的德性[波罗密],"苦"、"空"、"无常"、"无我";也颂扬诸佛的相好。如意珠中放射出极其美丽的金光,它的光辉变化为百宝色彩的鸟儿,这些鸟儿唱出和谐、甜美的声音,一直在颂念佛、法、僧。这就是八功德水想,就是第五观(the Fifth Meditation)。

920 关于观想阿弥陀佛本身,佛陀教导王后依照以下的做法:"想象在七宝地上有一朵莲花。"莲花有八万四千片花瓣,每片花瓣有八万四千条叶脉,每条叶脉有八万四千道光线,"每道光线都可以看得清清楚楚"。

921 你观想到这个之后,就应该接着观想佛陀本身。你知道该怎么做吗?每个佛陀如来,他的灵性的身体就是自然的法则[法界身],如此一来,他就可以进入一切众生的思想中。因此,你观想佛陀,其实就意味着:你在佛陀身上看到的三十二相、八十种好,同样为你所拥有。总而言之,是你自己的心变成了佛陀;甚而言之,你自己的心的确就是佛陀。诸佛真实、普遍的知识海洋,源自吾人本身之心灵与思想。所以,你应该专心用你的思想,来仔细观想那尊佛陀如来、阿罗汉、彻底觉悟的圣人。在观想那尊佛陀的过程中,你应该首先观想他的形象。不管你是睁眼还是闭眼,你应该把他观想为一尊近似阎浮檀金色的形象,坐于莲花之上。[1]

如果你能看到坐着的形象,那么你心里的景象将会变得清楚,而且你可以清楚明晰地看到那个佛国的装饰,看到珠宝的地面,等等。如果你看到这些东西,你要使它们变得清晰稳定,就像看自己的手掌一样……

如果你体验过这段经历,那么你会同时看见十方世界所有的佛……据称,那些实践过这种观想的人,也瞻仰过所有佛的身体。既然已经观想到佛的身体,那么他们也会看见佛的心灵。佛的心灵被誉为大慈大悲。佛通过大慈大悲来接纳所有众生。有人已经实践过这种观想,当他们死后,来世会重生在诸佛面前,并且他们会拥有一种解脱

1 赡部树的果实汁水形成的河流呈圆形环绕须弥山,然后流回那棵树。

的精神，可以去面对将要出现的所有后果。所以，有智慧的人应该集中思想，仔细观想阿弥陀佛。

922 据说，那些实践这种观想的人，不会再以胚胎的形式出生，而是“有一条自由的通道直达极度完美的佛国”。

923 你作此观想之后，应该想象你出生在西方极乐世界。在那里，你盘腿坐在一朵莲花之上。再想象花把你关在里面，然后打开。花打开时，五百种颜色的光照耀在你身上，你睁开双眼，看到了佛和菩萨，他们布满了整个天空。你听到水的声音、树的声音、鸟的声音，还有诸佛的声音……

924 然后佛陀对阿难和韦提希（王后）说：

那些希望通过平静的思想投生到西方世界的人，应该首先观想佛的形象，佛有十六肘高，坐在湖水中的一朵莲花之上。如我们先前所说，佛陀的真身及其大小是无限的，是常人思维难以理解的。但是，借助那位佛陀的往昔祈祷，忆念如来的人肯定能达成他们的心愿……

925 佛陀的讲话继续了很多页，然后经文说：

当佛陀结束讲话的时候，韦提希和她的五百女仆，受佛陀的话引导，看见了极乐世界广袤无垠的景象，并且也看到了佛陀和两位菩萨的身体。韦提希心中充满喜悦，赞美他们说："我从来没有见过这样的奇迹！"她马上就实现了完全彻底的觉悟，并且拥有了一种解脱的精神，可以面对任何将要出现的结果。她的五百女仆，也希望知道如何获得圆满的知识，她们也希望能投生在那个佛国。世尊（the World-Honoured One）预言，她们都会生于那个佛国，并且都能获得诸佛现前三摩地（三昧）。

926 有一段枝节内容谈到了未开悟者的命运，佛陀在其中总结了以下的瑜伽练习：

但是，他被烦恼干扰，没有时间忆念佛。然后，有些好朋友对他说："即使你不能练习忆念佛，至少你也可以念诵佛的名字'阿弥陀佛'。"让他这样不间断地安详念诵。让他持续十次忆念佛，并且重复表白："崇拜阿弥陀佛（南无阿弥陀佛）。"依靠他念诵佛名得来的功德，在每次重复的过程中，他就会赎掉使他沉浮生死八万劫的罪孽。在临终时，他会看见一朵金色莲花，像太阳一样出现在他眼前。然后他会瞬间投生到极乐世界。

927 以上的引文就是瑜伽练习的基本内容,而瑜伽练习正是在座诸君之兴趣所在。这部经有十六种观想,我仅仅从中选择了几部分,但是,这些就足以向我们集中展示:什么是观想?观想的极点就是三摩地,三摩地是最高等级的法喜和开悟。

928 练习的开始是专注于落日。低纬度地区的落日光线很强,甚至于你只要盯着太阳看一会儿,就会产生强烈的后像(after-image)。然后你再闭上眼睛,会继续看到太阳(的后像)一会儿。我们熟知的一种催眠方法就是:盯着一个闪烁的物体,比如说钻石或水晶。有可能,凝视太阳也是要制造出一种类似催眠的效果。不过话说回来,这应该不会产生催眠的效果,因为"观想"太阳需要一直盯着看。这种观想是一种反思,也就是"澄清",事实上,就是内化**实现**太阳的形式、特征和意义。因为圆的形状在此后的观想中起了非常重要的作用,所以我们可以推想:圆形的太阳,乃是此后观想的圆形结构的模型。这正如,强烈的日光,也是此后出现的绚丽景象的预示。这样一来,经文上便说:"知觉即将形成(the perception is to be formed)。"

929 下一个观想是水想。这个观想(和日想不同)不再基于任何感官印象(sense-impression),而是积极想象出浩瀚水面反光的图像。我们知道,这样的话,太阳所有的光都会被反射。现在我们再想象,水变成了"闪耀且透明(映彻)"的冰。通过这个过程,太阳形象(sun-image)的无形的光就变成了物质的水,并且再转化为坚固的冰。冥想者的目的显然是要使所见景象变得具体。这样就会使想象物(fantasy-creation)变成真的物质,并且出现在自然界,出现在我们所知的世界里。可以说,精神创造出了一个不一样的现实。冰本来是淡蓝色的,却变成了蓝色的琉璃(一种类似于石头的东西),琉璃又变成了“透明且闪耀(映彻)”的“地面”。有了“地面”之后,就有了一个永恒的、绝对真实的地基。蓝色的半透明地面如同镜湖一般。从透明的地方,我们可以向下看到深处。

930 然后,所谓的“金幢”从深处向外放出光来。我们应该注意,梵文词驮缚若(dhvaja,幢、旗帜)通常还有“符号”或“象征”的意思。所以我们也可以说,“象征”显露出来。很明显,那个象征“向八方伸展”,表现了八芒系统(eight-rayed system)的平面图。正如经文所说,金幢“完全填满了地面八方的角落(其幢八方,八楞具足)”。那个八芒系统“就如同成千上万的太阳”一样照耀。这说明,太阳明亮的后像,极大地增加了八芒系统的辐射能量,它的光能现在已经增大到无法衡量的地步。“金色的绳索”就像网一样覆盖了那个系统。这个奇怪的表达可能是说:那个系统以这种方式被绑牢在一起,如此就再也不会分崩离析。遗憾的是,经文中并没有提到,这种方法可能会导致什么样的失败。更没有提到,一旦这种方式失败,就可能铸成大错,使整个系统分崩离析。但是,对有经验者来说,这种想象过程中的干扰绝非意外。正相反,它们常常出现。所以,在瑜伽想象中,需要用金色绳索来使(冥想的)意象获得一种内在的强化,这毫不奇怪。

931 虽然经文中没有明说,但是八芒系统已属阿弥陀佛世界。在这个天国之中,长着美妙的树。阿弥陀佛世界的水尤为重要。阿弥陀佛世界有八池水,按照八角样式排列。水的源头是位于中央的珠宝——如意珠。它是遂人心愿的珍珠,也是"难得之宝"[1]的象征,更是无价之宝。在中国艺术中,它的形象如同月亮,并且常常与龙相关。[2]水的妙音中包蕴有两组对立物,这些对立物显示了佛教之基本义谛:"苦和空,无常和无我。"这象征:所有的存在都充满了痛苦;所有与我相关的都是无常的。空、无我则把我们从这些错误中解放出来。因此,歌唱的水就如同佛陀的教诲,它是智慧的救赎之水。用奥利金的话来说,它是水之教诲。水的来源,举世无双的珍珠,就是如来,就是佛陀自己。所以,紧接着要立刻重新观想佛陀的形象。如果我们能做出这种观想,那么我们将意识到:其实,佛陀无非就是瑜伽师(观想者)自己活跃的心灵。我们不仅可以说,"吾人本身之心灵与思想"制造出了佛陀的形象(是心作佛);甚至还可以说,产生种种思想的那个心灵**正是佛陀自己**(是心是佛)。

932 在八角形的阿弥陀佛世界的中央,佛陀的形象坐在圆莲花里。佛陀是大慈大悲的。因为慈悲,他能"接纳所有众生",包

1 Cf. *Symbols of Transformation*, Part II, chs. 6 and 7,尤其是par. 510。

2 Cf. *Psychology and Alchemy*, fig. 61.

括观想者。这意味着：佛陀是最内部的存在，他被具体化为某种形象，并且他被表现为观想者的真实自我。观想者把自己当成唯一的存在，当成最高的意识，甚至当成佛陀。为了达到这个最终目标，我们需要经历各种辛苦的练习来完成精神重建；也需要使我们的自我意识远离诱惑，以免对世界产生苦恼的幻觉；还需要达到另一个绝对真实的心灵境界。

*

933 虽然对欧洲人来说，这部瑜伽文本显得十分晦涩，但是，它不仅仅是博物馆里的文学珍品，它还以各种各样的方式存在于每个印度人的灵魂里，这样一来，印度人生活和思想的最小细节都受其影响。养育印度人心灵的，不是佛教，而是瑜伽。佛教本身继承了瑜伽的精神，但是和佛陀创建的改变历史的宗教相比，瑜伽更为古老，更为通用。如果你想要深入理解印度的艺术、哲学、伦理，那么你就必须要认真对待瑜伽。我们习惯从外部进入，所以很难真正理解印度文明。我们对于印度的精神本性，了解得太少太少了。此外，我想特别告诫大家，希望你们不要屡次尝试去模仿印度人的实践和心态。如果我们西方人刻意地费尽心思去模仿，那只会是东施效颦，终将一无所得，这是一个规律。当然，假设有人能完全避免欧洲对他的思想影响，**真正地**成为一个瑜伽师，而不是别的什么人；如果有人能整天地盘腿坐在落满灰尘的菩提树下的小羊皮垫上，亲证了不可思议的空，幻灭于人间，只有这样我才承认：他真的以印度的方式理解了瑜伽。但是，如果你做不到这样，你就不要装模作样。我们不可能，也不应该放弃西方式的理解。相反，我们应该尽最大的可能，诚实地用西方思想来更多地理解瑜伽，而不要矫揉造作或照猫画虎。瑜伽奥义对印度人的意义，就等同于，甚至有甚于基督奥义对我们的意义。我们不容许任何外国人取笑我们信仰的奥迹（mysterium fidei），同样的，我们也不应该蔑视印度的这些奇怪思想及实践，将之视为谬误。如果我们这样做，就无法正确理解瑜伽。确实，我们欧洲人已在歧途上走得太远。甚至于理性的、"启蒙的"浓雾已经让我们基督教的教义精神消失殆尽，我们应该对这种迷雾高度警醒了。另外，歧途深入也使得我们会太轻易地低估那些我们不知道、不理解的东西。

934 如果我们真的想理解瑜伽，那么我们只能选择欧洲的方式。的确，我们有一种理解方式，可以用心理解很多东西，但是大脑常常很难与心同步。这是因为，大脑无法借助一套理知公式，用合适的方式把心的理解表达出来。另有一种理解方式则使用大脑更多一些，尤其是在科学之类的问题上，这种理解方式通常很少使用心灵。因此我们需要读者的善意与合作，先用一个方法，然后用另一个。所以，我们先试着使用大脑，看看是否可以曲径通幽（to find or build that hidden bridge），实现用欧洲的方式理解瑜伽。

935 为了这个目的，我们必须重提我们业已讨论过的那一系列象征，但这次，我们会思考它们感觉层面的意义（sense-content）。**太阳**是第一个象征，它是光和热的源泉，是我们可见世界的不容置疑的中心。作为生命的给与者，太阳不管在何时何地，都是神之本身，或是神的象征。即使在基督教的思想世界中，太阳也是基督最钟爱的象征。生命的第二个源泉是**水**，尤其是在南部国家。水也是基督教重要的象征，比如：伊甸园中四河之水、殿边流出之水（《以西结书》47）。而后者可与基督之肋伤流出的血相比照。在此联系中，我还想提出：基督曾在井边和撒玛利亚妇人谈话；从基督身体流出的活水的江河（《约翰福音》7：38）。通过观想太阳和水，我们会成功地联想起这些象征以及相似的象征。这样一来，观想者的注意力会逐渐从前景转移到后台；也就是说，从观想物的可见现象，转移至其背后的精神意义。观想者进入了精神世界。在那里，太阳和水不再是客观存在。它们变成了心灵内容的象征物，即变成了个人心灵里的生命源泉的意象。确实，我们的意识不是自我生成的——它是从未知的深处涌出的。我们的意识在我们的童年逐渐形成。在我们一生中的每个早晨，当我们从睡梦深处醒来，我们的意识也从无意识领域中浮现。意识就好像一个孩子，每天从像原始子宫一样的无意识中诞生出来。事实上，更精确的研究显示：意识不仅仅受无意识的影响，而且，意识会持续地从无意识中涌现，表现为无数的自发观念和突然的思想火花。因此，观想太阳和水的意义，差不多就是深入心灵的根源，深入无意识本身。

936 这里，东方思想和西方思想之间有个很大的不同。这个不同我们在前文已经涉及，它亦表现为：高祭坛和低祭坛之间的不同。西方总是追求上升，而东方则是追求下沉或深入。具体可感、沉重有力的外在现实（outer reality）似乎更容易吸引欧洲人，给他们留下深刻明晰的印象。而它们对印度人的吸引力则较为有限。欧洲人追求的是，把自己提升到这个世界的上方。而印度人则喜欢回转，进入大自然母亲的深处。

937 在基督教的默祷中（比如，罗耀拉的著作《神操》之中所描述的），冥想者会用尽所有的感觉，努力把圣像领会得尽可能具体。与此相似，瑜伽师在观想中，先把水凝固成冰，然后再变成琉璃，从而形成坚固的“地面”（他就是这么叫的）。可以说，他用视觉制造了一个坚固的实体。用这种方法，他使心灵世界中的形象变为具体的现实，并且代替了外部世界。一开始，他只看见一个反光的蓝色表面，好像湖泊或海洋的蓝色表面（这在我们西方的梦境中，也是无意识的最佳象征）；但是，闪耀的表面之下藏着未知的深层，黑暗而且神秘。

938 正如经文所说，蓝色的琉璃石是**透明**的，这告诉我们：观想者的凝视可以穿透进入心灵的秘密深处。在那儿，他看到了未曾见过的东西，也就是无意识。太阳和水是生命的物质来源；而作为象征，它们也显示了无意识生命的基本秘密。在**金**

幢，也就是瑜伽师通过琉璃地面看到的那个象征的上面，他似乎看到了一个意象，象征着意识之源。意识本来是看不见的，而且无迹可寻。通过禅定，通过深度冥想，无意识明显地有了形式。这就好像：意识之光停止照亮外部感官世界中的物体，转而照亮无意识的黑暗。如果感官世界，连同它所产生的所有思想都彻底泯灭的话，那么内心世界会更豁然开朗。

939 这里，东方的佛经略过了一个精神现象，而这个精神现象给欧洲人造成了无穷的困难。如果一个欧洲人试图抛弃所有有关外部世界的思想，把自己的头脑清空，那么他会立即沉溺于自己的主观幻想。如果他自己幻想去使用我们经文中所提的意象，那么结果肯定是竹篮打水一场空。人们对幻想的评价不高，认为它是廉价的、无用的，因此弃之如敝屣。它们是烦恼，是杂乱、混沌的本能力量，这种力量正是瑜伽要控制的。《神操》也追求同样的目标。事实上，这两种方法都希望这样达到目的：它们为冥想者提供一个冥想物，并且向冥想者展示其意象，它们要求冥想者必须专注于这个意象，这样就可以排除无用的幻想。东方和西方的这两种方法，都试图直达目标。如果冥想练习是在某种宗教环境中进行的，那么我想它会成功。但是，如果是在其他环境，冥想就有可能会不起作用，甚至后果凄凉。假如无意识能被照亮，那么一个人就会立刻直面个人无意识的混乱世界。个人无意识包含了：你想要忘却的所有东西；你不想对自己和他人承认的所有东西。如此混乱的个人无意识，是你无论如何也不敢面对的。所以，如果你没有准备好进入这个黑暗的角落，那么你最好还是避而远之。自然，如果你真的避而远之，那么你就不会经过这个角落，你也不会得到瑜伽所承诺的，哪怕一点点的东西。只有你穿过这片黑暗，才有希望更上一层楼。所以在原则上，我反对欧洲人不加批判地擅自实践瑜伽。因为我太了解：对自己的黑暗角落，他们唯恐避之不及。如此进入瑜伽，完全没有意义，没有价值。

940 我们西方人除了很有限地应用耶稣会士的《神操》，为什么从来没有发展出能与瑜伽相媲美的技术？这个现象的深层原因也在于此。我们极端害怕那个潜在的恐惧，也就是我们的个人无意识。所以，欧洲人更喜欢告诉别人"如何去做"。可是我们从来没有意识到：整体的改进是从个人开始的，甚至就是从我自己做起的。此外，很多人认为，审视自己的内心是变态的行为。一个神学家曾经向我保证：自我反省会让人忧郁。

941 我刚刚说过，我们没有发展出能和瑜伽相媲美的东西。不过这并不完全正确。针对我们欧洲人的偏爱，我们已经发展了一种医学心理学来专门应对烦恼。我们称之为"无意识心理学"。弗洛伊德发起了这个运动。它认识到了人类的阴影面及其对意识的重要影响，此后它就在这个问题上纠缠不清了。但是，我们的佛经则对弗洛伊德心理学关心的事视而不见，并且假定它们已经被解决了。瑜伽把诸种烦恼看得清清楚楚，但是由于其宗教自然性，瑜伽对烦恼所引发的**道德冲突**不置可否。

一个伦理难题把我们和我们的阴影分隔开来。印度的精神产生于自然,而我们的精神则相悖于自然。

942 对我们来说,琉璃地面并不透明。因为我们必须首先回答这个问题:**恶的本质**是什么?我们**能**找到这个问题的答案,但是,我们不需要隔靴搔痒的理性探讨和知性术语。我们可以把这个问题归结为个人的伦理责任,这样也许能得到一个有效的答案。但是,这里既没有廉价的方子,也没有文牒,你只有做足功课,交足学费,琉璃地面才会变得透明。我们的佛经预先假定了:我们个人的幻觉阴影区,即个人无意识,已经被探讨过了。接下来,经文描述了一个奇怪的象征形象,这个象征形象一开始就引起了我们的注意。这是一个几何结构:它从一个中心射出,并且一分为八——这是一个八位一体(ogdoad)的形象。中心有一朵莲花,里面坐着佛陀。最终的体验就是:禅修者认识到自己就是佛陀。由此,编排在开场故事里的重大难题看起来就被解决了。显而易见,同心结构象征了注意力的最高度集中。但是,注意力能达到最高度的集中,仅限于以下情况:吾人须令自己纷乱的注意力撤回(我们先前曾提到过这个词),使之免于感官世界的刺激、对象性思维(object-bound ideas)的干扰,并将这一点做到极致,使意识在此状态中运行。意识世界、执着之念、意识中心,即自我,所有的这一切都消失了。取而代之的是阿弥陀佛世界的壮观景象,越来越清晰。

943　心理学认为，这意味着：在充斥着个人幻想、本能的世界之下或者之后，有一个更深的无意识层面呈现出来。和烦恼世界的杂乱无序相比，那个更深的无意识层面表现出最高等的秩序与和谐。同时，和烦恼世界的复杂多样相比，那个更深的无意识层面则象征了菩提曼荼罗（bodhimandala），即象征智慧的神奇圆圈的圆满具足（the all-embracing unity）。

944　印度人断言：当个人无意识的黑暗逐渐淡化的时候，会出现一种超个人的（supra-personal）、包罗万象的无意识。对此，我们心理学应该说些什么呢？现代心理学认为：个人无意识只是表层，它依附在与之迥异的集体无意识之上。我们为什么给它这样的名称呢？这是因为，和个人无意识及其纯个人的内容不同，更深层的无意识中的意象带有明显的神话特征。也就是说，不管在形式上还是内容上，这些意象都符合那些广泛分布的原始观念，而那些原始观念正是神话形成的基础。这些意象不再关乎个体的本性，而是关乎完全超个人的本性。所以它们是全人类共有的。因为这个原因，所以我们能在各个民族的、各个时期的神话传说中找到它们。同样，也能在对神话一无所知的个人身上找到它们。

945　事实上，我们西方心理学已经和瑜伽并驾齐驱。因为它能在无意识的统一体中，科学地建立一个较深的层次。我们通过探索无意识，证明了神话主题的存在。神话主题本身是多样的，但是它们最终统一于一个同心的或者辐射的序列，这个序列构成了集体无意识的真实中心或本质。因为瑜伽的见解和心理学的研究已经明显达成一致，所以我用梵文术语曼荼罗来描述这个中心的象征。

946 你们现在肯定会问：可是，科学究竟如何得出这样的结论？有两种方法可以得到这样的结论。第一种：基于史实的方法。比如，如果我们研究中世纪自然哲学的内省方法，我们会发现：此种方法反复使用圆圈来象征中心原则，而且在大多数例子中，圆圈被分成四部分。显然，这种观念来自教会的四位一体的象征。我们在多处都发现了这种四位一体，比如：光荣君主（耶稣基督）和四个布道者、主和伊甸园中的四道河、主和四种风等。

947 第二种：经验主义心理学的方法。在心理学治疗中的一个特定阶段，病人有时会自发地描画这样的曼荼罗。这可能是因为，他们梦见了曼荼罗；也可能是因为，他们突然觉得想要描绘一个有序的整体，以此来抵消精神上的混乱。比如，我们瑞士有位圣人，弗吕的民古拉斯，他就亲历了这种过程。如果我们现在到萨克瑟恩（Sachseln），在教区教堂中的三位一体的图画上，还能窥见这位圣人的心路历程。一位德国神秘主义者著有一本小册子，[1]其中的圆形画启发了我们的圣人。

---

1 Cf. Stoeckli, *Die Visionen des Seligen Bruder Klaus*. Cf. also “Brother Klaus,” pars. 474ff.

他被那惊人心魄的景象深深震撼，并成功地汲取了其中的精华。

948　那么对于坐在莲花里的佛陀，我们的经验主义心理学应该说些什么呢？逻辑上，我们大概希望，在我们西方的曼荼罗中，高居于中心位置的应该是基督。我们已经提过，在中世纪时，的确曾经如此。但是，我们现代的曼荼罗是个人自发创作的，他们没有任何先入为主的思想或者来自外界的暗示，所以，现代的曼荼罗自然就没有基督的形象了，更不用说莲花上的佛陀了。另一方面，我们频繁发现，我们身边有臂长相等的希腊十字架，甚至还有卐字的存在——这明显也是模仿的产物。我在这里无法讨论这个奇怪的事实，不过就其本身而言，这个事实还是很有意思的。[1]

949　在基督教曼荼罗和佛教曼荼罗之间，有一个虽微妙但巨大的差异。基督教徒在默祷时，从来不说"**我**是基督"。他们只是像保罗一样表白："现在活着的不再是我，乃是基督在我里面活着。"（《加拉太书》2：20）可是我们的佛经说："你要知道，**你**就是佛。"实际上，这两种表白是完全相同的。因为只有当佛教徒实现"无我"的时候，他才能真正明白，自己是佛。但是，在表达方式上，两者还是有极大区别的。基督教徒追求的目标是**在基督里**（in Christ），而佛教徒则力求证悟**他**就是佛陀。基

1　Cf. "Psychology and Religion," pars. 136ff.

督教徒试图**摆脱**非永恒的和自我设限的意识，而佛教徒则**静静**安守自己永恒的内在本性。他的内在本性与神性（或普遍存在）合一，这已有别的印度人的证明所肯定。

印度的圣人[1]

950 海因里希·齐默对体鲁瓦那马莱的马哈希大师[2]一直以来都很感兴趣。我从印度回来后，他问我的第一个问题就关于这位南印度的当代圣人和智者。我不知道我的朋友是否对我居然没有去找这位拉玛纳大师感到不可原谅或匪夷所思。但我想，以他对圣人的生平和思想如此热切的向往，一定不会疏忽到不去拜见他。我对他的反应当然不会觉得奇怪，因为我知道

1 [Introduction to Heinrich Zimmer, *Der Weg zum Selbst: Lehre und Leben des indischen Heiligen Shri Ramana Maharshi aus Tiruvannamalai* (Zurich, 1944), edited by C. G. Jung. 这部作品中包含了齐默从Sri Ramanasraman Book Depot, Tiruvannamalai, India翻译而来的167页内容，荣格所作的一个简短（且不重要的）前言，这篇序言，Emil Abegg所作的关于齐默1944年于纽约逝世的讣告，以及齐默所作的关于这位拉玛纳大师的介绍。]

2 拉玛纳·马哈希（1879—1950）是近现代印度尊者，其理念和实践主要源于印度教和《奥义书》，尤其是不二吠檀多学派，但马哈希以实修型的不二吠檀多行者闻名，有别于传统的、以哲学思辨见长的不二吠檀多学者。他修行的主要方法是静坐、自我探索（我是谁？），由此唤醒自我觉知。他也崇拜、委身印度教中的湿婆神。他被认为是个开悟的圣者，在印度和西方都有很多追随者。——中译注

齐默早已契入印度的精神。很不幸的是，他一直想去印度的心愿却始终没有实现。因为第二次世界大战的爆发，他在即将成行的前一刻与平生唯一的一次机会失之交臂。似乎是对他这种遗憾的补偿，他对印度的精神之领悟极为杰出。在我们一起进行的合作研究期间，他给我提供的对东方心智深刻的理解是无价的，他的洞察不仅仅是通过其博学的知识层面，更是由于其对印度神话含义和内容卓越的把握。不幸的是，那些神祇所恩宠者英年早逝，这却在他身上实现，我们哀悼这一精神的逝去，他超越专业的局限，转身朝向人类，赐予人类喜乐的“仙果”。

951 印度神话和哲学智慧的承载者在远古时代即是“圣人”——西方的这个称呼并不能完全体现东方在相同形象上的精髓和外貌。这个形象代表了灵性的印度，我们在文学作品中不断与他相遇。难怪齐默对这位当代最具代表性的拉玛纳大师会充满如此的热情和兴趣。他从这位瑜伽修行者身上看到了这类圣人、先知、哲人形象的真正化身。这类化身既是传说，又是历史，代代绵延不绝。

952 我也许是应该去拜访拉玛纳大师的。但恐怕即使我再度造访印度也还是如此，我不会去见他。虽然他的杰出无可置疑，去拜访他也令人心驰神往，但事实上，我对他的独特性表示怀疑，他这种类型的人过去就有，将来也会层出不穷，所以没有必要一定去拜见他。我在印度到处都可以见到他的踪迹，在拉玛克利须那[1]的相片里，在拉玛克利须那的弟子那里，在佛教僧侣那里，在印度日常情景里其他数不胜数的人物中，他智慧的言语是印度灵性生活的暗示。从某种意义上来说，拉玛纳大师是印度这块土地上真正的“人子”。他是如此“真实”，更重要的是，他是一种“现象”，从欧洲人的眼中看，这种现象是独特的。但在印度，他只是白色面上最白的一点（他的白色之所以被提及，也不过是因为还有许多黑色的表面）。总而言之，我们在印度到处可以见到圣人，结果我们却不希望见到那么多：在这么一个多元化和多民族的国家里，反而令人渴望完完全全的单纯。这样的单纯在那儿就有；它弥漫在印度的灵性生活中，犹如令人愉悦的香味或美妙的音乐。这种单纯到处都一样；从来都不是单一的，总是花样翻新。要想了解这种现象，读一读《奥义书》或者是佛经就足够了。你在任何地方都可以听闻其中所说的；从千百双眼睛里流露出来，从数不胜数的动作中表达出来。一个村庄或哪一条道路上见不到枝繁叶茂的参天大树，荫蔽着树下的修道人，他正企图消灭自我，将世界万象悉数收摄，汇归

1 拉玛克利须那（1836—1886）是近代印度神秘主义者和圣者。他生于乡下一个婆罗门家庭，年轻时就表现出对灵性世界的敏感和兴趣。在家庭的要求下，拉玛克利须那与比他小十八岁的女子成婚，妻子成为同修，他本人也经常以女性的穿着现身，称他的妻子为圣母。拉玛克利须那的灵修涉及印度教、不二吠檀多、瑜伽、密教、伊斯兰教、基督教等。据传，他进入不二禅定最长的时间是六个月，没有任何身体的感觉。临终前，拉玛克利须那任命他的西方弟子维威卡难达（Vivekananda）为自己的精神继承人。——中译注

宇宙大道之全体。这个主旋律在我耳边不断地唱响，我很快就不再能将之抖落尘埃了。我于是绝对地相信，没有人能够超越这个主旋律，最起码所有的印度圣人都尽在其中。如果拉玛纳大师说的任何话居然与这个主旋律不合，或者他宣称自己所知道的超越其上，那他的光彩就一定是假的了。圣人只有当他与印度古老的赞歌相一致时才是正确的。若他忽然唱出另一种曲调，那就一定是错了。我的这个结论对南印度的炎热是适合的，所以我也并不后悔没有去体鲁瓦那马莱那儿拜访拉玛纳大师。

953 然而，印度那深不可测的文化告诉我，我无论如何是应该见一见与我投缘的圣人的，但不是非得我主动去拜访他不可。在塔旺柯的首府特鲁旺德鲁姆，我碰到了马哈希的弟子。他个子小小的，社会地位相当于小学老师，他让我联想到亚历山大鞋匠（阿纳托尔·法朗士故事里的人物），他被天使带到圣安东尼面前，让安东尼知道，有比他更伟大的圣人。就像那位鞋匠，我这位小小的圣人有数不清的孩子需要喂养，为了他的大儿子能够受到教育，他做出了特别的牺牲。（在这里，我不想讨论圣人是否总是明智的，相反的问题便是，是不是所有有智慧的人都一无例外的是圣人？这是有疑义的。）不管怎么说，在这个谦卑、善良、虔诚、天真的灵魂里，我看到了他对马哈希的完全的热爱，他从马哈希那儿汲取了无穷的智慧。同时，他超过了他的上师，因为，除却他的聪明神圣，他“吞吃”了世界。我对跟他相遇充满了感激；对我来说，没有什么事比这次见面更好的了。我对一个仅仅是有智慧和仅仅是神圣的人的兴趣，与对罕见的蜥蜴标本的兴趣别无二致，他并不能令我感动到热泪盈眶。而那种几乎是疯狂的对立的两面：超越玛雅之虚幻的宇宙存在与世俗的人之弱点，由之伸展出诸多根须沉入黑黑的泥土里，永恒地重复挥舞和撕裂着那具历史的面纱，演奏出印度永远的旋律——这种强烈的反差令我着迷。没有阴影，谁能见到阳光？没有噪音，谁能知道何谓寂静？没有愚笨，谁能获得智慧？圣人的经历往往是最痛苦的。我见到的人（感谢神）只是一个小小的圣人。没有那在黑暗的深渊之上的光耀，没有虚空粉碎的豪壮，但他让我们看到了智慧、神圣，**以及**凡人是怎样和谐、丰盛、愉悦、甜美、和平、忍耐地安住在一起，而无须互相排斥，无须特立独行，无须令人惊讶，绝没有引起轰动，也不需要特别的关注，然而代表了一种古老的文化，其中有椰子树在微微的海风中舞动着的温柔喃喃声。他在急剧的千变万化的风景中发现了存在的意义，在束缚中获得了自由，在失败中赢得了胜利。

954 那种纯粹的智慧和纯粹的神圣恐怕在文学作品中最能引人入胜，这些人物的声誉无可争辩。老子在《道德经》中对此解读得极其精致而无与伦比。老子在山之西坡与舞女一起享受良辰美景，这当然欠缺教化的意味。但是，人们更不能接受"纯粹的"圣人被疏忽的身体，特别是当一个人相信美是神的创造中最杰出的作品之一。

955 阅读拉玛纳的思想令人心旷神怡，我们在这里见到了最纯粹的印度，永恒的呼吸，对世界的藐视，以及被世界所轻蔑。这是一首历久弥新的歌，重复地演唱着，就像在夏天的夜晚里，百万生物大合唱中蟋蟀的鸣叫。这首旋律建筑在一个伟大的主题上，在千万种色彩斑斓的折射下显现出它的单一性，永不懈怠地在印度的精神中亘古常新，而其最近的化身就是拉玛纳大师本人。这个自我，即"我—创造者"(I-maker)，或者说是自我意识，与阿特曼、自性或无我正相对，是阿特曼的坚固束缚。马哈希也把阿特曼叫作"我—我"(ego-ego)，这样的称呼意义重大，因为自性也确实是被经验到的主体的主体，是真正的源头，自我的控制者。而自我错误地、不间断地企图争夺自性亲密地送给它的自主权。

956 这种冲突对西方人来说并不陌生：这体现在人与神的关系中。从我自己的经验来看，现代的印度人大量采用了欧洲的语言习惯。"自性"或"阿特曼"基本上就是"上帝"的同义词。但与西方人的"人与上帝"不同，印度人将二元对立（或是对应）建立为"自我与自性"。"自我"和"人"无疑是心理学上的概念，"自性"也同样如此——就**我们**思维的方式而言是如此。所以，我们可以倾向于假设，在印度，"人与上帝"的形而上学问题被转移到了心理层面。然而，再进一步探究的结果则发现，其实并非如此，因为印度人概念上的"自我"和"自性"并不真的是心理上的；我们还不如说，它们同样是像我们的形而上学的“人与上帝”。印度人缺乏认识论立场，与我们自己的宗教言论之欠缺认识论立场如出一辙，还处在“前康德”时代。这种复杂性在印度并不为人知，对于我们大多数人而言也是一样。在印度，并没有我们用语上的心理学。印度处在“前心理学”时代：当它提到“自性”时，它**指的**是存在。心理学并非如此。它并不在任何意义上拒绝激烈冲突的存在，但保留对自性知之甚少或甚多的权利。尽管对“自性”的独特性和自相矛盾的现象学非常熟悉，我们还是对这一事实保持清醒：以我们有限的感官，我们试图认识某种本质上未知的事物，并通过心理的结构来表达它，但也许那种结构并不足以表达我们想认识的事物的性质。

957 这种认识论上的限制使我们不能认识我们所称的“自性”或“上帝”。西方人惊讶于自性等同于上帝的看法。拉玛纳大师和其他圣人的教导表明了这是东方人特有的洞见。心理学对此提不出建设性的意见，它只能说，它不能区分这两者。心理学只能建立经验主义的、具有宗教症状的“我”，就像与“上帝”关联的判断类别一样。尽管宗教的崇高性超越了认识论的批判（所有的情感的表现都有这个特点），然而人类对于知识的渴求一而再，再而三地表现出“不虔诚”或者是“路西法般的”固执和任性，无论是失还是得，这对有思想的人来说确实必要。人迟早会将理性置于情感的对立面，他寻求从情感的纠缠中摆脱出来，以便进行理性的思考，对所发生的事情进行合理的阐述。如果他慎重而认真地进行思考，他将不断发现，至少他的一部分存在是人力所不能**解释**的。就像依纳爵·罗耀拉那样，他得到多眼蛇的异象，他一开始将之视为神圣，之后则视之为魔鬼。（与《约翰一书》4：1可做比较："一切的灵，你们不可都信，总要试验哪些灵是出于神的。"）对印度人而言，作为精神发祥地的自性与上帝别无二致。只要人是在自性**中**，则他不仅是在上帝之中，而且实际上就是上帝。拉玛纳大师对这一点有明确的解说。难怪这两者的等同也只是"解释"而已。同样，将自性视为至善，或者视为所有的欲望和满足的目标，也只是解释而已，尽管这样的经验现象学确实说明，这些特性存在着一个先验性，并且是宗教升华中不可或缺的要素。然而，这并不能阻止富于批判性的智力对这些特性是否有效提出追问。这个问题很难回答，因为智力不具备必要的条件。任何可以被用作标准的事物也反过来要受到其本身是否合法的质询。这里唯一能够决定的是占优势的心理事实。

958 东方宗教修行的目标与西方神秘主义相同：从自我中心转向自性，从人转向上帝。这意味着，自我消失在自性中，人消失在上帝中。很明显，拉玛纳或多或少真的消融在自性中了，或者说，他终其一生在与自我做斗争，以消灭内在的自我。《神操》显示了相似的努力：他们尽力使"沉迷自我"让位于被基督拥有。拉玛纳大师的前辈，拉玛克利须那，在与自性的关系中也持同样的态度。只是在拉玛克利须那的情况中，自我和自性之间的困境似乎表现得更为明显。拉玛纳大师则对弟子们的世俗欲求显示出“同情的”宽容，而同时也高扬消灭自我作为灵修精进的真正目标。拉玛克利须那则说：“只要存在着寻求自我，那么，无论是知识还是解脱都是不可能的，而只有无尽的生死轮回。”[1]尽管这样，他不得不承认自我（我—创造者）的坚固性：“很少有人能够通过进入三摩地而摆脱这个‘我’的意识……我们可以数千次地从中分离出来，但这个‘我’的意识注定一再地返回。你今天可以砍断无花果树的树枝，而明天你却会看到新枝在发芽。”[2]他甚至认为自我不可摧毁：“如果这个‘我’的意识不离开的话，那就让它做神的仆人好了。”[3]相比于这种对自我的让步，拉玛纳大师肯定是更为激进的，或者说在印度的传统里是更为保守的。拉玛克利须那尽管年长，却要比他更现代，可能是因为他受到西方对心智的态度的影响，远比拉玛纳大师要深远。

959 如果我们把自性看作心灵整体性的精髓，即整个意识和无意识，那是因为不论所有有意识的意见和期待是怎样的，自性**事实上**有点像是代表了心灵发展的目标。自性是进程中的主题，通常在意识之外运行发展，要感受它的临在，只有经过长期的努力才能获得。对这一自然的进程持批判的态度，可以使我

1 *Wrote des Ramakrishna*, ed. by Emma von Pelet, p. 77.

2 *The Gospel of Ramakrishna*, p. 56.

3 Ibid.

们提出问题；这样的提问放在自性等于上帝的模式那里，一开始就会被排除在外。这个模式展现了自我在阿特曼中的消解，那是宗教和道德的明确目标，可以拉玛纳大师的生平和思想作为范例。基督教神秘主义流派也明显地具有同样的性质，只不过用的术语不同罢了。不可避免的结果就是，贬损和清除身体和心智的人（即肉体和自我），而只取灵性的人。拉玛纳大师把他的身体称为“这个土块”。我对此不敢苟同，因为人类的经验本身是复杂的（情感加上解释），从批判性的立场来衡量，自我意识是重要的，没有自我，就没有任何主体意识到所发生的事情。马哈希没有个体自我的话，那就只有无理性的经验，与所谓的“土块”（身体）结合，而根本没有拉玛纳大师。我们即使同意他的自我已经不存在了，但阿特曼在说话，这仍然是意识的心智结构，与身体结合，使得言语交流成为可能。没有这个似乎具有非常麻烦的身体和心智的人，自性就完全丧失了基础，正如安格鲁斯·西莱西乌斯说过的：

> 我知道，没有我
> 上帝无法存在；
> 我的死也是他的亡，
> 不再存活。

960 正如我们已经表明的，自性内在的目标朝向的性质及其欲求实现这个目标，并不依赖意识的参与。它们之不能被否认，如同我们不能否认我们的自我意识一样。自我意识也断然地提出自己的要求，时常是或显或隐地与发展自性相对抗。在现实中，很少有例外，自性的圆满实现包括一系列无休无止的妥协。若要使一切都进展顺利，自我和自性就必须艰辛地保持天平的平衡。如果只关注一边或另一边，结果还不如不要开始为好。然而，这个说法并不是那么绝对到让我们以为：当它们自然而然发生时，其本身是邪恶的。当我们检验其意义时，我们正确地使用它们，它们给我们充裕的机会去这么做，它们提供机会的方式值得我们心存感激。人类的特例，避世隐居者，总是大自然的礼物，丰富和扩展了我们的意识视野——但只有在我们有能力承受如此的重负而不至于翻船人亡时才是有益的。热情可以是诸神和魔鬼真正的天赋。傲慢伴随着热情，腐败便随之到来，尽管因此而造成的意识模糊似乎将个人的最高目标的实现置于唾手可得的地步。唯一真实而持久的收获是提升的、扩展的反思。

961 撇开平庸不谈，不幸的是，一切哲学或心理的命题都必须立即加以反省。因此，反思作为目的本身，若在极端混乱的风暴中不能立稳脚跟的话，就注定只是局限而已，就像活力若只是为活力自身，就会导致空虚。任何事物的存在都需要其相对的存在者，否则就会渐渐消失于无。自我需要自性，反之亦然。这两者之间变换的关系构成了经验的领域，东方人的内省功夫所达到的高度，西方人几乎不可企及。东方的哲学，尽管与我们的哲学差别巨大，对我们也是无价的财富。然而，要想拥有它，我们首先要获得它。拉玛纳大师的教导（由海因里希·齐默在他的绝笔之作中以准确的翻译传达给了我们）在时代的进程中接续了下来，将印度精神最崇高的洞见再一次集结起来，马哈希的生平和成就再一次显明了印度人对解脱“之地”的热烈追求。我说“再一次”是因为，印度人即将朝着成为一个国家迈进，进入国际社会。国际社会的指导原则一应俱全，唯独缺少矜持（detachment）和灵魂的平安。

962 东方人受到了这种精神价值快速崩溃的威胁，取而代之的并非总是西方文明产物中最好的方面。从这个观点来看，我们可以将拉玛克利须那和拉玛纳大师视为现代的先知。他们对于他们的人民所起的引领作用，也跟《圣经》旧约里的先知与以色列的那些“不忠”的孩子的关系一样。他们不仅告诫他们的同胞们记住他们上千年的灵性文化，而且他们实际上就代表了这个传统，他们本身就是令人难忘的榜样，提醒人们在物欲横流的高科技和利欲熏心的商业洪流中，不要遗忘灵魂的诉求。在政治、社会和知识领域里对权力的疯狂追逐和强化，贪得无厌，侵蚀着西方人的灵魂，现在正势不可挡地向东方蔓延，其威胁可能带来不可估量的后果。这种情况不仅在印度，在中国也是如此：灵魂曾经生活和蓬勃发展的地方，太多的东西已经消失了。文化的外化也许清除了许多罪恶，这样的清除是最有必要的，使人类获得了最大的利益。然而，根据经验所显示的，这个进步所付出的代价也是巨大的，随之而来的是灵性文化的失落。不可否认，生活在一个精心设计、卫生设备齐全的房子里总是舒服的，但并未回答这幢房子的居住者是**谁**这个问题，他的灵魂是否与安排外部生活的居住者同样享受房子的整洁呢？当一个人只热衷于外部世界时，他永远不会满足于生活的必需品，而是永远渴望更多的、更好的东西，就他的偏好来说确实如此，他总是向他的自身外寻求。在他取得外在所有的成功时，他完全忘记了他的内在也应该保持同样的成功。他于是伤感于他只拥有一辆车，而其他大多数人都有两辆车。显然，人在外部的生活永远可以追求更好的、更美的，但当内在的自性并没有与这些追求同步时，这些东西就丧失了其意义。知足常乐无疑是幸福的源泉，然而内在的自性不断地提出它的诉求，这种诉求不是外在的财产能够满足得了的。越是汲汲追逐这个世界精彩纷呈的东西，这个声音越是被忽略。尽管人生活在所有这些优越的物质条件中，以为可以因此而获得快乐幸福的结局，但内在的自性却越是成为莫名的不幸和不快的根源。生活的外化成了不可疗愈的痛苦，因为没有人能够理解为何他自己成了痛苦的根源。没有人对自己的贪得无厌有所反思，反而将之视为自己合法的权利。他们从未想过，这种偏颇的心智饮食最终严重干扰了人的平衡。这就是西方人的疾病，而他不把他的贪婪躁动的疾病传染给全世界是不会罢休的。

963 故此，尽管他们说的是他们独特的语言，东方的智慧和神秘主义可以传达给我们的信息甚多，他们起到了提醒我们的作用，那就是，在我们的文化中，我们也拥有相似的精神，而我们却已经忘却了。我们把内在的自性之路搁置一边，而他们则引领我们将我们的注意力放到这上面。拉玛纳大师的生活和教导不仅对印度有重要意义，对西方来说也是如此。他们不只是归入文档的人文材料而已，他们是对人类告诫的讯息：人类正受到把自身丧失在无意识和无政府状态中的威胁。在更深层次上来说，海因里希·齐默以遗愿方式留给我们最后的著作，即一位现代印度先知的生平—成就，也许并非偶然。此书向我们深刻地示范了人如何可以在心智上产生巨变。

三

《易经》序言[1]

964 我不是汉学家，所以给《易经》这部伟大、独一无二的书写序言一定是我个人经历的证言。我也想借此良机再次向故友卫礼贤致敬。他深知翻译《易经》所具有的文化意义，他的译本在西方是无与伦比的经典。

965 假如《易经》的意思很容易明白，那就没必要写序言了。但事实远非如此。它太晦涩了，以至于西方学者将它看成“魔咒集”，认为它要么太深奥难懂，要么就是毫无价值。理雅格（Legge）的翻译，是到目前为止唯一可见的英文译本，但这译本几乎没下任何功夫来使《易经》能为西方人的心灵所理解。[2]

---

1 ［这篇序言是荣格特别为《易经》的英译本*I Ching or Book of Changes* (New York and London, 1950)所作，此书由Cary F. Baynes从卫礼贤的德译本翻译而来。这篇序言也由Baynes女士翻译，稍有改动，收录在此。］

2 理雅格在解释文本中做出如下评论：“根据我们的观念，构想象征符号的人必须是一个诗人，但塑造卦爻之人只能让我们想到枯燥无味的学究。只有大约三百五十种，更多的就是荒唐的。”（*The Yi King*, p. 22）关于卦的“意义”，这位作者说（转下页）

相比之下，卫礼贤竭尽心力开启了理解文本象征意义的解读方法。他曾受教于圣人之徒劳乃宣，学过《易经》哲学及其技术。他还有多年实际占卜的经验。因为卫氏能掌握住《易经》生机活泼的意义，所以他的译本洞见深邃，绝非中国哲学的学院派所能提供的。

966　我非常感恩卫礼贤对于复杂的《易经》问题给我们的启迪，感恩他就实际运用《易经》所具有的洞见。我对占卜感兴趣已有三十多年了。因为对我而言，占卜作为探究潜意识的方法似乎具有非比寻常的意义。我在20世纪20年代初期遇到卫礼贤时，对《易经》已经相当熟悉。卫礼贤除了肯定我当时所了解的以外，还教了我其他更多的东西。

967　我不懂中文，而且也从未去过中国。我可以向我的读者确认，要找到进入这本中国思想巨著的正确途径，绝非容易。它和我们的思维模式实在是大相径庭。为了理解这本书，我们必须放下我们西方人的某些偏见。比如说，像中国人这样天赋异禀而又聪慧的民族，居然没有发展出我们所谓的科学，这真是奇怪。事实上，我们的科学建立在以往被视为公理的因果法则上。这种观点目前正处在巨变之中。康德《纯粹理性批判》无法完成的任务，现代物理学正在完成。因果律公理已从根本处

（接上页）道："但人们会问，为什么意义是以这样一种线条排列的方式，以这样一种象征符号的混杂呈现给我们？"（p. 25）然而，我们知道理雅格并未将这种方法用于实践。

动摇。我们现在所说的自然律，只是统计学上的真理而已，因此必然会有例外发生。我们还没有充分考虑到：我们在实验室里，需要极严格的限制其状况后，才能呈现自然律不变的效度。假如我们让事物顺其本性发展，我们可以见到截然不同的景象：每一历程或偏或全都要受到机遇（chance）的干扰，这种情况极为普遍。因此在自然的情况下，能完全符合特别律则的事件几乎是例外。

968 正如我在《易经》里看到的，中国人的心灵似乎只关心事件的机遇层面；我们认为巧合的，却似乎成了这种特别心灵的主要关怀。而我们所推崇的因果律，却几乎完全受到漠视。我们必须承认，机遇是非常非常重要的，人类费了无比的精神，竭力要击毁且限制概率所带来的祸害。然而，与概率实际的效果相比，从理论上考量所得的因果关系顿时显得软弱无力，贱如尘土。石英水晶自然可以说成是一种六角形的角柱体；只要我们看到的是理想上的水晶，这种论述当然非常正确。但在自然世界中，虽然大多数水晶都是六角形的，却不可能看到两个完全相同的水晶。可是，中国圣人所看到的却似乎是真实的，而非理论的形状。对他来说，繁复的自然律所构成的经验实体，比起对事件做因果的解释，更要来得重要。因为事件必须彼此一一分离后，才可能恰当地以因果处理。

969 《易经》对待自然的态度，似乎很不以我们因果的程序为然。在古代中国人的眼中，实际观察时的情境，是概率的撞击，而非因果链汇集所产生的明确效果；他们的兴趣似乎集中在观察时概率事件所形成的缘会，而非巧合所需的假设之理由。当西方人正小心翼翼地过滤、较量、选择、分类、隔离时，中国人情境的图像却包容一切到最精致、超感觉的微细部分。因为所有这些成分都会汇聚在一起，成为观察时的情境。

970 因此，当人投掷三枚硬币或者拨算四十九根蓍草时，这些概率的微细部分都进入了观察的情境之图像中，成为它的一部分；这部分对我们并不重要，但对中国人的心灵来说，却具有无比的意义。在某一情境内发生的事情，无可避免地会含有特属于此一情境的性质。这样的论述在我们看来，可以说陈腐不堪。但这里谈的不是抽象的论证，而是实际的状况。有些行家只要从酒的色泽、味道、形态方面，就可以告诉你它的产地与制造年份。有些古董家只要轻瞄一眼，就可非常准确地说出古董或家具的制造地点与制造者。有些占星家甚至于在完全不知道你的生辰的情况下，却可跟你讲你出生时，日月的位置何在，以及从地平面升起的黄道带征状为何。我们总得承认：情境总含有持久不断的蛛丝马迹在内。

971 换言之，《易经》的作者相信，卦爻在某情境运作时，与情境不仅在时间上，而且在性质上都是契合的。对他来说，卦爻是成卦时情境的代表（它的作用甚至超过了时钟的时辰，或者历表上季节月份等划分所能做的），同时卦爻也被视为它成卦时主要情境的指引者。

972　这种假设蕴含了我所谓的共时性[1]这种相当怪异的原则，这概念所主张的观点，恰与因果性所主张的相反。后者只是统计的真理，并不是绝对的，这是种作用性的臆说，假设事件如何从彼衍化到此。然而，共时性原理却认为，事件在时空中的契合并不只是概率而已，它蕴含更多的意义；一言以蔽之，也就是客观的诸事件彼此之间，以及它们与观察者主观的心理状态间，有一特殊的互相依存的关系。

973　古代中国人沉思宇宙的态度，在某点上可以和现代的物理学家媲美，他不能否认他的世界模型确确实实是一种精神物理学的结构。微观物理学的事件包含了观察者，就像《易经》里实在需要包含主观的，也就是心灵的条件在整体的情境当中。正如因果性描述了事件的前后系列，对中国人来说，共时性则处理了事件的契合。因果的观点告诉我们一个戏剧性的故事：D是如何呈现的？它是从存于其前的C衍生而来，而C又是从其前的B而来，如此等等。相形之下，共时性的观点则尝试塑造出平等且具有意义的契合之图像。A’B’C’D’等如何在同一情境以及同一地点中一齐呈现？首先，因为物理事件A’B’和心理事件C’D’属同一性质；其次，它们都是同一情境中的组成因素。此情境显示了一幅合理可解的图像。

1 ［Cf. Jung's “Synchronicity: An Acausal Connecting Principe.” 在这篇文章中（1955 edn., pp. 49—53），他讨论了《易经》的共时性方面。］

974 《易经》六十四卦是种象征性的工具，它们决定了六十四种不同且各有代表性的情境，这种诠释与因果的解释可以互相比埒。因果的联结可经由统计决定，而且可经由实验控制，但情境却是独一无二、不能重复的，所以在正常状况下，要用共时性来实验，似乎不可能。[1]《易经》认为要使共时性原理有效的唯一法门，在于观察者要认定卦爻辞确实可以呈现他心理的状态，因此，当他投掷硬币或者区分蓍草时，要想定它一定会存在于某一现成的“情境”当中。而且，发生在此情境里的任何事情，都统属于此情境，成为图像中不可分割的图式。如果一把火柴被扔到地面上，那么，它们所构成的图案也具有那个时刻的性质。但如此明显的真理如真要透露它的涵义，只有读出图式以及证实了它的诠释以后，才有可能。这一方面要依赖观察者对主观与客观情境具有足够的知识，一方面要依赖后续事件的性质而定。这种程序显然不是习于实验证明或确实证据的批判性心灵所熟悉的，但对于想从和古代中国人相似的角度来观察世界的人士来说，《易经》也许会有些吸引人之处。

975 我以上的论证，中国人当然未曾想过，不但未想过，而且事情恰好相反。依据古老传统的解释，事实上是经由“神灵”诡秘方式的作用之后，蓍草才能提出有意义的答案。[2]这些力量

---

1 Cf. J. B. Rhine, *The Reach of the Mind*.

2 那是“神”。“神生于天。”（Legge，p.41）

凝聚在一起，成为此书活生生的灵魂。由于此书是种充满灵的存有，传统上认为人们可向《易经》求问，而且可预期获得合理的答复。谈到此处，我灵光一闪，突然想到：如果外行的读者能见识到《易经》怎样运作，也许他们会产生兴趣。为此缘故，我一丝不苟，完全依照中国人的观念做了个实验：在某一意义下我将此书人格化了，我要求它判断它目前的处境如何，也就是，我将它引荐给英语世界的群众，结果会怎样？

976 虽然在道家哲学的前提内，这样的处理方法非常恰当，在我们看来却显得过于怪异。但是，即使精神错乱导致的诸种幻觉或者原始迷信所表现出来的诸种诡谲，都不曾吓着我，我总尽量不存偏见，保持好奇，这不就是“乐彼新知兮”吗？那么，此次我为何不冒险与此充满灵的古代典籍对谈一下呢？这样做，应当不至于有任何伤害，反而还可让读者见识到源远流长、贯穿千百年来中国文化的心理学之方法。不管对儒家或者道家学者来说，《易经》都代表一种精神的权威，也是一种哲学奥义的崇高显现。我利用掷钱币的方法占卜，结果所得的答案，是第五十卦——鼎卦。[1]

977 按照我提问题之方式，卦爻辞必须这样看待：《易经》是位懂得告谕的人士。因此，它将自己视作一座鼎，视作含有熟食在内的一种礼器，食物在这里是要献给神灵歆用的。卫礼贤谈

1 ［Cf. the *I Ching*, p. 205.］

到这点时说道：

> 鼎是精致文明才有的器物，它示意才能之士应当砥砺自己为了邦国利益牺牲奉献……从这里我们可以看到文明在宗教上已达到巅峰。鼎提供牲礼……上帝的最高启示在先知和圣人身上显现。因此，尊崇他们即尊崇上帝。透过他们，上帝的旨意应当谦卑地接受下来。

978 回到我们的假设，我们必须认定：《易经》在此是在给自己做见证。

979 当任何一卦的任何一爻值六或九之时，表示它们特别值得注意，在诠释上也比较重要。[1]在我卜得的这个卦上，"神灵"着重九二、九三两爻的九（即变爻），爻辞说道：

> 九二，鼎有实，我仇有疾，不我能即，吉。

980 《易经》说它自己："我有（精神）粮食。"分享伟大的东西时，常会招来忌妒，忌妒[2]之声交加是图像里的一部分。忌妒者想剥夺掉《易经》所拥有的，换言之，他们想剥夺掉它的意义，

---

1 此法的解释，见 ibid., p. 392。

2 例如，忌妒（invidi）是古老拉丁语炼金术文献中常常反复出现的意象，尤其是 *Turba philosophorum* (11th or 12th cent.)。

甚或毁掉它的意义。但他们的恶意毕竟成空，它丰富的内涵仍然极为稳固，它正面的建树仍没有被抢走。爻辞继续说道：

九三，鼎耳革，其行塞，雉膏不食。方雨亏悔，终吉。

981 把柄是鼎上可以把捉的部分，它指出了《易经》（鼎卦）里的一个概念[1]（德语的"把柄"作Griff，"把捉"作gegriffen，"概念"作Begriff）。但随着时光流逝，这个概念显然已有改变，所以我们今天已不再能够把握《易经》，结果"其人生命之途受到阻碍"。当我们不再能从占卜睿智的劝谕以及深邃的洞见中获得助益时，我们也就不再能从命运的迷宫以及人性的昏暗中辨别出明路。肥美的雉鸡是再度承受甘霖，也就是空虚已被克服，痛失智慧的悔恨也告一段落时，渴望已久的时机终再降临。卫礼贤评道："此处描述一个人身处在高度发展的文明中，却发现自己备受漠视，其成效备受打击。"《易经》确实在抱怨它的良质美德受人忽视，赋闲在地，可是它预期自己终将会再受肯定，所以又自我感到欣慰。

982 对我向《易经》质询的问题，这两段爻辞提出了明确的解答，它既不需要用到精微细密的诠释，也不必用到任何精构的

1 源于拉丁语的concipere，即"把握"。例如，在器物中：concipere源于capere，即"取"、"把捉"。

巧思及怪诞的知识。任何稍有点常识的人都可领会答案的涵义，这答案指出一个对自己相当自信的人，其价值却不能普为人承认，甚至于连普为人知都谈不上。答者看待自己的方式相当有趣，它视自己为一容器，牲礼借着它奉献给诸神，使诸神歆享礼食。我们也可以说：它认定自己为一礼器，用以供应精神粮食给潜意识的因素或力量（"神灵"），这些因素或力量往往向外投射为诸神；换言之，其目的也就是要正视这些力量应有的分量，以便引导它们，使它们进入个体的生命当中，发挥作用。无疑地，这就是宗教一解（religio）最初的涵义——小心凝视，注意（relegere）[1]神奇存有（numinous）。

983 《易经》的方法确实考虑了隐藏在事物以及学者内部的独特性质，同时把潜藏在个人潜意识当中的因素，也一并考虑了进去。我请教《易经》，就像某人想请教一位将被引荐给朋友认识的先生一样，某人会问：这样做，这位先生是否觉得高兴？《易经》在答复我的问题时，谈到它自己在宗教上的意义，也谈到它目前仍然未为人知，时常招致误解，而且还谈到它希望他日重获光彩。由最后这点显然可以看出：《易经》已瞥见我尚未写就的序言，[2]更重要的是，它也瞥见了英文译本。这样的反应很合理，就像我们可从相同处境的人士预期到的情况

1 这是古典的词源学。从religio到religare（即"重新连接"、"连回"）的变化源于早期教父。

2 我在写下这篇序言之前就已做了这个实验。

一样。

984 但是，这种反应到底是如何发生的？我只是将三枚小铜板轻掷在空中，然后它们掉下，滚动，最后静止不动，有时正面在上，有时反面在上。这种技巧初看似乎全无意义，但具有意义的反应却由此兴起，这种事实真是奥妙，这也是《易经》最杰出的成就。我所举的例子并不是独一无二的，答案有意义乃是常例。西方的汉学家和一些颇有成就的中国学者很痛心疾首地告诉我：《易经》只是一些过时的咒语集。从谈话中，这些人士有时也承认他们曾向算命的相士（通常是道教的道士）请求占卜。这样做当然“了无意义”，但非常怪异的是：所得的答案竟然和问者心理学上的盲点极度吻合。[1]

985 西方人认为各种答案都有可能答复我的问题，我同意这种看法，而且我确实也不能保证：另外的答案就不会有同等重要的意义。但是，所得到的答案毕竟只能是第一个，而且也是仅有的一个。我们不知道其他诸种可能的答案到底为何，但眼前这个答案已令我非常满意。重问老问题并不高明，我不想这样做，因为“大师不贰言”。笨拙而繁琐的学究之研究方式，老是想将这非理性的现象导入先入为主的理性模式，我厌恶这种方式。无疑地，像答案这样的事物，当它初次出现时，就应当让它保持原样（初筮告），因为只有在当时，我们才晓得在不受人为

1 往往巧合！实乃必中也！——中译注

因素的干扰下，回归到自体的本性是个什么样子。人不当在尸体上研究生命。更何况根本不可能重复实验，理由很简单，因为原来的情境不可能重新来过。每一个例都只能有一个答案，而且是最初的那个答案。

986 且再回到卦本身。鼎卦全体都发挥了那重要的两爻[1]所申论的主题，这一点毫不奇怪。卦的初爻说道：

> 鼎颠趾，利出否。得妾以其子，无咎。

987 《易经》就像一只废弃的鼎，翻转在一旁，无人使用。我们需要将它翻转过来，以便清除沉淀之物，爻辞如是说道。这种情况就像有人在他的妻子没有子女时，才另娶妾妇，《易经》所以再度被人触及，也是因为学者再也找不到其他的出路所致。尽管妾妇在古代中国有半合法的地位，实际上，她只是尴尬地暂处其位而已。同样地，占卜的巫术方法也只是为求得更高目标时所利用的方便途径罢了。虽然它只偶尔备用，但它的心里没有怨尤。

988 第二爻、第三爻前已述及，第四爻论道：

> 鼎折足，覆公餗，其形渥，凶。

1 中国人只解释占卜中卦爻变化之处。而我认为，通常卦中的每一行都有意义。

989　鼎在这里已开始使用，但情况显然很糟，因为占卜被误用了，或者遭到了误解。神灵的食物掉了一地，其人的颜面尽失。理雅格如此翻译："臣民将因羞愧而脸红。"误用鼎这类的礼器真是大不敬，《易经》在此显然坚持自己作为礼器应有的尊严，它抗议被亵渎使用。

990　第五爻论道：

鼎黄耳金铉，利贞。

991　《易经》似乎重新正确地（黄色）为人理解，亦即透过了新的概念，它可被掌握住，这概念甚有价值（金色）。事实上也是如此，因为有了新的英文译本以后，此书比起以往，更容易让西方世界接受。

992　第六爻说道：

鼎玉铉，大吉，无不利。

993　玉以温润柔美著称，假如环是用玉制成的，整个容器看来必定绮丽精美，珍贵非凡。《易经》此时不仅是踌躇满志，而且还是极度乐观。我们只能静待事情进一步发展，但同时也得对《易经》赞成新译本此种结果，感到称心快意。

994　在上述这个例证当中，我已尽可能客观地描述占卜运作的情况。当然，运作的程序多少会随着提问题之方式的不同而有所变化。比如说，假如某人身处在混乱的情境里，他也许会在占卜时现身为说话者的角色。或者，假如问题牵涉他人，那个人也许会成为说话者。然而，说话者的认定并不全部依赖所提问题的态度而定，因为我们和我们伙伴的关系并不永远由后者决定。通常我们的关系几乎全仰赖我们自己的态度，虽然我们常忽略此项事实。因此，假如个人没有意识到他在自己的关系网中所扮演的角色，他终将会感到惊讶：怎么会和预期的恰好相反。他自己就像经文偶尔指引的一样，过分夸大了他的角色。有时我们将某一情境看得太严重，过分夸大了它的重要性，当我们请示《易经》时，答案会指向潜藏在问题里面的一些被忽略的层面，这种情况也可能发生。

995 刚开始时，人们可能认为这种预示是虚妄的。据说孔子曾有一次得到了不理想的答案，他得到的是第二十二卦——贲卦，这是极具美感的一个卦。这使人联想到苏格拉底的神祇对他的劝导："你应该多来些音乐。"苏格拉底因此开始玩起长笛。在执着理性及对生命采取学究态度方面，孔子与苏格拉底难分轩轾，但他们两人同样不能达到此卦第二爻所劝说的"连胡须都很风雅"的境界。不幸的是，理性与繁琐的教学通常都缺乏风雅与吸引力，所以从根本上看，占卜的说法可能没有错。

996 还是再回到卦上来吧。虽然《易经》对它的新译本似乎相当满意，而且还甚为乐观，但这不能保证它预期的效果确实可在大众身上看出。因为在我们的卦里有两爻具有阳九之值，我们可由此知道《易经》对自己的预期为何。依据古老的说法，以六（老阴）或九（老阳）称呼的爻，其内在的张力很强，强到可能倒向对立的一方上去，也就是阳可转变成阴，反之亦然。经由此种变化，在目前的案例上，我们得到了第三十五卦——晋卦。

997 此卦的主旨描述一个人往上爬升时，遭遇到的命运形形色色，卦文说明在此状况下，他究竟该如何自处。《易经》的处境也和这里描述的人物相同。它虽仿如太阳般高高升起，而且表白了个人的信念，但它还是受到打击，无法为人相信——它虽然“继续竭力迈进，但甚感悲伤”。可是，“人终究可从女性祖先处获得极大的幸福”。心理学可以帮助我们理解这段隐晦的章节。在梦中或童话故事里，祖母或女性祖先常用来代表无意识，因为在男人的无意识中，常含有女性心灵的成分。如《易经》不能为意识接受，至少无意识可在半途迎纳它，因为《易经》与无意识的关系远比与意识的理性态度要来得密切。既然梦寐中的无意识常以女性的形态出现，这段话很可能就可以做如此的理解，女性带着母性的关怀，关怀此书。因此，对《易经》来说，这自然是“极大的幸福”。它预期可普遍让人理解，但也担忧会被人误用——“如鼫鼠般前进”。要留神那告诫，“不要将得失放在心上”，要免于“偏心”，不要对任何人强聒不舍。

998 《易经》冷静面对美国书籍市场的命运，它的态度就和任何理性的人面对一本引人争议的著作之命运时所表现出来的没有两样。这样的期望非常合理，而且合乎常识，要找出比这更恰当的答案，反而不容易。

999 这些都在我写下以上的论述前发生，当我达到此点结论时，我希望了解《易经》对于最新的情况抱着什么样的态度，因为我既然已加进了这场合，情况自然也随着我所写的而有了变化，而我当然也希望能聆听到与我的行为相关的事。由于我一向认定学者对科学应负责任，所以我不习惯宣扬我所不能证实，或至少理性上不能接受的东西。因此，我必须承认在写这篇序言时，我并不感到太过快乐。要引荐古代的咒语集给具有批判能力的现代人，使他们多少可以接受，这样的工作实在很难不令人踯躅不前，但我还是做了，因为我相信依照古代中国人的想法，除了眼睛可见的，应当还有其他的东西。然而，尴尬的是：我必须诉诸读者的善意与想象力，而不能给他周全的证明以及科学而严密的解释。非常不幸地，有些用来反对这具有悠久传统的占卜技术之论证，很可能会被提出来，这点我非常了解。我们甚至不能确定：搭载我们横渡陌生海域的船只，是否在某个地方漏了水？古老的经文没有讹误吗？卫礼贤的翻译是否正确？我们的解释会不会自我欺骗？

1000 《易经》彻底主张自知，而达到此自知的方法却可能百般受到误用，所以个性浮躁、不够成熟的人士，并不适合使用它，知识主义者与理性主义者也不适宜。只有深思熟虑的人士才恰当，他们喜欢沉思他们所做的以及发生在他们身上的事物。但这样的倾向不能和忧郁症的胡思乱想混淆在一起。我上面业已提过，当我们想调和《易经》的占卜与我们所接受的科学信条时，会产生很多的问题，我对此现象并没有解答。但毋庸多言的是：这一点都不"怪异"。我在这些事情上的立场是实用主义的，而教导我这种观点之实际效用的伟大学科，则是精神治疗学与医疗心理学。也许再没有其他的领域，使我们必须承认有这么多不可预测的事情；同时也再没有其他的地方，可以使我逐渐采用行之久远，但不知为何运作的方法。有问题的疗法也许会不期而"愈"，而所谓的可靠方法却可能导致非常怪异的事情。理性主义者常心怀畏怖，掉头走开，事后再宣称他什么事情都没有看到。非理性，它盈满生命，它告诉我：不要抛弃任何事情，即使它违背了我们所有的理论，或者不能立即解释，也不要抛弃。这些事情当然令人不安，没有人能确定罗盘到底是指向真实，还是指向了虚幻；但安全、确定与和平并不能导致发现，中国这种占测的模式也是如此。那方法很显然是指向了自我知识，虽然它总是被用在迷信的用途上。

1001 我绝对相信自我知识的价值，但当世世代代最有智慧的人士都宣扬这种知识是必要的，结果却一无所成时，宣扬这样的识见是否有任何用处？即使在最有偏见的人的眼中，这本书也很明显地展露了一种悠久的劝谕传统，要人细心明辨自己的个性、态度以及动机。这样的态度吸引了我，促使我去写这篇序言。关于《易经》的问题，我以前只透露过一次：那是在纪念卫礼贤的一次演讲[1]中说出来的，其余的时间我都保持缄默。想要进入《易经》蕴含的遥远且神秘之心境，其门径绝对不容易找到。假如有人想欣赏孔子、老子思想的特质，就不能轻易忽略他们伟大的心灵，当然更不能忽视《易经》是他们灵感的事情。之前，我绝不敢公开表露出来，但我现在可以冒这个险，因为我已八十几岁了，民众善变的意见对我几乎已毫无作用。古老的大师的思想比西方心灵的哲学偏见，对我来说价值更大。

1002 我不想将个人的考虑强加在读者身上，但前文已经提过，个人的人格通常也会展现在占卜的答案里面。当我在陈述我的问题时，我也请求占卜对于我的行为直接评论。这次的答案是第二十九卦——坎卦。其中第三爻特别重要，因为这爻里面有六（老阴）之值。这一爻说道：

六三，来之坎坎，险且枕，入于坎窞，勿用。

1003 假如在以前的话，我将会无条件地接受劝告："慎勿如是

1 [Cf. Wilhelm and Jung, *The Secret of the Golden Flower* (1931)，这段演讲是此书的附录。此书直至卫礼贤去世一年之后才有英译本。这段演讲可见于《荣格全集》第15卷。]

行”，对于《易经》不发一言，因为我没有任何的意见。但在目前，这样的忠告也许可以当作《易经》工作方式的一个范例看待。事实上，我目前求进不能，求退不得。谈占卜的事情，除了上述所说的以外，再也不能多说什么。想往后退，将我个人的见解完全舍弃，也做不到。我正处在这样的状况当中。然而，事情很明显，假如有人开始考虑《易经》，将会发现它的问题确实是“深渊重深渊”。因此无可避免地，当人处在无边无际的危险以及未经批判的思辨中时，必须要“且止且观”，否则人真的会在黑暗中迷路。难道在理智上还有比漂泊在未经证实的幻象中更令人不安的处境吗？这就是《易经》如梦似幻的氛围。在其中，人除了依赖自己容易犯错的主观判断外，其余一无可恃。我不得不承认，这一爻非常中肯地将我撰写上述文字时的心情表达了出来。此卦一开始即令人欣慰的文字也同样中肯——“假如你是真诚的，在你的内心里你已成功”——因为它指出了在此具有决定性的事物，并不是外在的危险，而是主观的状况，也就是说，人能否“真诚”。

1004 这个卦将处在这种处境里的主动行为，比作流水的行为模式，它不畏惧任何危险，从悬崖纵跃而下，填满行程中的坑坑谷谷（坎也代表水）。这是“君子”的行为，以及“从事教化事业”的方式。

1005 坎卦确实不是很让人舒畅的一个卦。它描述行动者似乎身处重重危机，随时会落入花样百出的陷阱里面。我发现，在深受无意识(水)左右、精神病随时会发作的病人身上,坎卦通常最易出现。假如有人较为迷信,很可能他会认为这个卦本身就含有某些这类的意义。但是就像在解释梦境时,学者必须极端严格地顺从梦显现的真实状况,在向卦象请教时,人也应当了解他所提出的问题的形式,因为这限制了答案的诠释。当我初次请教占卜时,我正考虑仍在撰写的《易经》序言之意义,因此我将这本书推向前,使它成为行动的主体。但在我的第二个问题里面,我才是行动的主体,因此在这个案例当中,如果仍将《易经》当作主体,这是不合逻辑的,而且,解释也会变得不可理解,但假如我是主体,那种解释对我就有意义,因为它表达了我心中无可否认的不安与危殆之感。假如有人斗胆立足在这样不确定的立场上,他受到无意识影响,但又不知道它的底细,在此情况下,不安危殆之感当然是很容易产生的。

1006 这个卦的第一爻指出危险的情况:“在深渊中,人落入了陷阱。”第二爻所说的也相同,但它接着劝道,“人仅应该求得微小的事物”,我竭力实践这项劝谕,所以在这篇序言里,我仅想将中国人心灵中《易经》如何运作的情况摊展出来,而放弃了对全书做心理学的评论这样雄心勃勃的计划。

1007 我简化工作的情况在第四爻可以见到:

樽酒,簋贰,用缶,纳约自牖,终无咎。

1008 卫礼贤如此评论：

> 按照惯例，一个官吏在被任命前，总要敬献某些见面礼以及推荐书信，但此处一切都简单到了极点。礼物微不足道，没有人赞助他，所以他只好自我介绍。但假如存有危急时互相扶助的真诚心意，这就没有什么好羞愧的。

1009 第五爻继续谈论受困的题旨，假如有人研究水的性质，可以发现它仅注满洼坑到边缘，然后会继续流下去，而不会停在原先的那地方：

> 坎不盈，祇既平，无咎。

1010 但假如有人看到事情仍不确定，他受不住危险的诱惑，坚持要特别努力，比如说要评论等，这样只会陷入困窘之境。最上一爻非常贴切地描述道：这是种被束缚住、如置囚笼的状况。无疑地，最后一爻显示，人如果不将这卦的意思牢记在心，会产生怎样的后果。

1011 在我们这个卦的第三爻有六（老阴）之值，这阴爻产生了张力，遂变为阳爻，由此另生一新卦，它显示了新的可能性或倾向。我们现在得到的是第四十八卦——井卦。水的洼洞不再意味着危险，相反地，它指向了有利的状况，有一口井：

象曰：木上有水，井；君子以劳民劝相。

1012 百姓彼此互相帮助的意象似乎是要将井重新疏浚，因为它已崩塌，充满泥渣，里面的水甚至连野兽都不能饮用。虽有游鱼活在里面，人们也可捕捉得到它，但是井水却不能用来饮用，换言之，也就是它不能符合人们的需要。这段描述使人忆起那只颠倒在地、不为人用的鼎，它势必会被安装上新的把柄。而且，就像那鼎一样，"井已清理，但仍然无人从中饮水"：

井渫不食，为我心恻；可用汲。

1013 危险的水坑或深渊皆指《易经》，井也是如此，但后者有正面的意义：井含有生命之水，它应当重修后再度使用，但世人对此毫无概念，因为樽已破裂，再也找不到可以汲取此水的器具了。鼎需要新的把柄与携环才能把捉得住，同样地，井也需要重新规划，它含有"清冷之泉，人可饮用"。人可以从中汲水，"它很可靠"。

1014 在这个启示里面，《易经》很明显地又是言说的主体，它将自己视同活水之泉。以前的卦爻描绘出乎意料地陷入深渊之中的人所面临的危险。但他必须奋力跳脱出来，以便发现古老的废井。这口废井虽埋没在泥沼中，却可重修后再度使用。

1015 我利用钱币占卜这种概率方法提出两个问题，第二个问题是在我写完对第一个问题的答案之分析后提出来的。第一个问题直接指向《易经》：我想写篇序言，它的意见怎样？第二个问题则与我的行为，或者该说，我的情境有关，当时我是行动的主体，我刚刚讨论完第一个卦。《易经》回答第一个问题时，将自己比作鼎，一只需要重新整修的礼器，这器物却不能得到群众完全的信任。回答第二个问题时，它则指出我已陷入困境，这困境显像为深邃而危险的水坑，人很可能轻易地就会陷身进去。然而，小坑可以是个古井，它仅需要再加整修，即可重新使用。

1016 这四个卦在主题上（器物、坑洞、井）大体一致；在思想的内容上，它们似乎也甚有意义。假如有人提出这样的答案，身为精神病医师的我，一定会宣称他的心智很健全，至少在他所提的事情上没有问题。在这四个答案里面，我一点也发现不到任何的谵语、痴语，或精神分裂的蛛丝马迹。《易经》历史悠远，源出中国，我不能因为它的语言古老、繁复且多华丽之辞，就认定它是不正常的。恰好相反，我应该向这位虚拟的人物道谢，因为他洞穿了我内心隐藏的疑惑不安。但从另外的角度来说，任何聪明灵活的人士都可将事情倒过来看，他们会认为我将个人主观的心境投射到这些卦的象征形式里面。这样的批评依照的是西方理性的观点，它虽然极具破坏性，但对《易经》的功能却丝毫无损。而且正好相反，中国的圣人只会含笑告诉我们："《易经》使你尚未明朗化的思虑投射到它奥妙的象征形式当中，这不是很有用吗？否则，你虽然写下序言，却不了解它可能产生极大的误解。”

1017 中国人并不关心对于占卜应当抱持怎么样的态度，只有我们，因为受到因果观念的偏见之牵绊，才会满腹迷惑，再三关心。东方古老的智慧强调智者要了解他自己的思想，但一点也不看重他达到的方式怎样。我们越少考虑《易经》的理论，越可以睡得安稳。

1018 我认为建立在这样的范例上，公平的读者现在至少可以对《易经》的功能做个初步判断。[1]对于一篇简单的导论，不宜苛求太多。假如经由这样的展示，我能成功地阐明《易经》心理学的现象，我的目的就达成了。至于这本独特的典籍激起的问题、疑惑、批评，真是荒唐古怪，无奇不有，我无法一一答复。《易经》本身不提供证明与结果，它也不吹嘘自己，当然要接近它也绝非易事。它如同自然的一部分，等待被发现。它既不提供事实，也不提供力量，但对雅好自我知识以及智慧的人士来说，也许是本很好的典籍。《易经》的精神对某个人，可能明亮如白昼；对另外一个人，则晞微如晨光；对于第三者而言，也许就黝黯如黑夜。不喜欢它，最好就不要去用它；对它如有排斥的心理，则大可不必要从中寻求真理。为了能明辨它的意义的人之福祉，且让《易经》走进这世界里来吧！

---

1 读者可在Baynes-Wilhelm的书中查询这四个卦，并读到相关的评论。

译名对照表

active imagination 积极想象
Angelus Silesius 安格鲁斯·西莱西乌斯
anima naturaliter christiana 天生的基督徒
anima rationalis 理性灵魂
Annie Besant 安妮·贝赞特
anthroposophy 人智学
archetype 原型
arupaloka 无色界
auto-suggestion 自我暗示
avidyā 无明

bodhimandala 菩提曼荼罗

Christian Science 基督教科学派
Clear Light 澄清光明
conscious realization 意识化
creeds 信念

dark power 阴暗的力量
dharma 法
Dharmakāya 法身佛

ego 自我
ego-bound 自我设限
ego-consciousness 自我意识
eight-rayed system 八芒系统
Eleusinian 依洛西斯人
Exercitia spiritualia 《神操》

fantasy-forms 幻想形式

Gnostics 诺斯替教徒
Gods and spirits 神灵
golden banner 金幢
golden ropes 金色绳索
Gottflied Keller 戈特弗里德·凯勒

hatha yoga 哈达瑜伽
Heinrich Zimmer 海因里希·齐默

Ignatius Loyola　依纳爵·罗耀拉
images　意象
imitatio Christi　效法基督
increasing perfection　增长完美
individualization　自性化
individuation process　自性化过程

J. W. Dunne　邓恩
Jakob Böhme　雅各布·波和密

kundalini yoga　昆达利尼瑜伽

Lama Dawa-samdup　喇嘛达瓦桑珠
Legge　理雅格
Lucius　卢修斯

mandala　曼荼罗
matrix　基体
matrix mind　本初之心
Meister Eckhart　迈斯特·埃克哈特
Mind　心
moral indifference　道德超越

non-ego　无我
nowhere save in the mind　心外无有

object　客体
ogdoad　八位一体
One God　唯一神
One Mind　一心
oneness　一体性
Origen　奥利金

personal subjectivism　个人化的主观主义
philosophers' stone　哲人石
pre-psychological　前心理学
pre-rational psyche　前理性心灵
pre-uterine existence　前胚胎阶段
psyche　心智
psychic fact　心智的事实
psychic heredity　心灵的延续
psychic image　心灵意象
psychic reality　心灵现实
psychology of the unconscious　无意识心理学

Richard Wilhelm　卫礼贤
Rudolf Steiner　鲁道夫·斯坦纳

Sacred Books of the East　“东方圣书”
Samsāra　轮回
satori　悟
self　自性
self-knowledge　自我了知
self-liberation　自性解脱
sense-world　感官世界
Sidpa Bardo　受生中阴
spiritual body　灵性的身体
subject　主体
substitute reality　替代性的实体
sun-image　太阳形象

supra-personal　超个人
suprasensual　超肉欲的
supratemporality　超时间性
Swedenborg　斯韦登伯格

Tabula smaragdina　《翠玉录》
Tantric Lamaism　藏传佛教密宗
Tertullian　德尔图良
the all-embracing unity　圆满具足
the Catholic cure of souls　天主教心灵疗法
the Eightfold Path　八正道
The Immutable Light-Buddha Amitābha　无量光—阿弥陀佛
the nature of self　自性本质
the Orphic-Pythagorean secret doctrines　俄耳甫斯—毕达哥拉斯秘密教旨
theosophy　神智学
the radiant Godhead　放光之神
thought-form　思想形式
transcendent function　超越性功用

Universal Being　本有

wells up　涌出
will　意志
will of God　上帝的意志
world-affirming　肯定世界

yoga　瑜伽
yoga of self-liberation　自性解脱瑜伽